# CATALOGUE

D'UNE

## MAGNIFIQUE COLLECTION

# D'ESTAMPES

## ANCIENNES & MODERNES

### DES DIVERSES ÉCOLES

PROVENANT DU

## Cabinet de M. le Comte ***, de Vienne *Harrach*

DONT LA VENTE AUX ENCHÈRES PUBLIQUES AURA LIEU

## HOTEL DES COMMISSAIRES-PRISEURS

### Rue Drouot, n° 5, Salle n° 4

AU PREMIER ÉTAGE

## Le Lundi 25 Février 1867 et les douze Jours suivants

A UNE HEURE PRÉCISE

Par le ministère de Mᵉ **BOULOUZE**, Commissaire-Priseur,
rue Ollivier-Saint-Georges, 14,
Assisté de **M. CLEMENT**, Mᵈ d'Estampes de la Bibliothèque Impériale,
rue des Saints-Pères, 3,
*Chez lesquels se distribue le présent Catalogue.*

## EXPOSITIONS PUBLIQUES

Les DIMANCHES 24 Février et 3 Mars 1867, de une heure à cinq heures.

PARIS — 1867

## CONDITIONS DE LA VENTE

Elle sera faite expressément au comptant.

Les Acquéreurs paieront cinq pour cent en sus des adjudications.

**Un Ordre des Vacations sera ultérieurement distribué.**

## CE CATALOGUE SE DISTRIBUE :

# DÉSIGNATION

### DES

# ESTAMPES

## ALDEGRAVER (Henri)

1 — Adam et Ève (B. 9 et 10).
Très-belles épreuves.

1 bis — Adam et Ève (B. 11 et 12).
Superbes épreuves.

2 — Loth et ses Filles, 1530 (B. 13).
Très-belle épreuve.

3 — L'Histoire de Loth, 1555. Suite de quatre estampes (B. 14-17).
Superbes épreuves; le n° 14 porte la signature de Mariette.

4 — L'Histoire de Joseph, 1528 et 1532. Suite de quatre estampes (B. 18-21).
Superbes épreuves; les n°° 18 et 19 portent la signature de Mariette.

5 — L'Histoire d'Amon et Thamar. Suite de sept estampes (B. 22-28).
Très-belles épreuves; les n°° 25 et 26 portent la signature de Mariette.

6 — Le Jugement de Salomon, 1555 (B. 29).
Très-belle épreuve; elle est signée au verso : P. Mariette, 1670.

7 — L'Histoire de Suzanne, 1555. Suite de quatre estampes (B. 30-33).
Très-belles épreuves; elles sont signées au verso ; P. Mariette, 1678.

8 — Judith, 1528 (B. 34).
Très-belle épreuve.

9 — Dalila, 1528 (B. 35). Pièce de forme ronde.
Très-belle épreuve. Rare.

10 — Dalila, 1528 (B. 36). Pièce de forme ronde.
Très-belle épreuve.

11 — Bethsabée, 1532 (B. 37).
Superbe épreuve.

12 — L'Annonciation. 1553 (B. 38),
Très-belle épreuve.

13 — La Nativité. 1553 (B. 39).
Très-belle épreuve.

14 — La Parabole du Samaritain charitable, 1554. Suite de quatre estampes (B. 40-43).
Très-belles épreuves.

15 — La Parabole du mauvais riche, 1554. Suite de cinq estampes (B. 44-48).
Superbes épreuves.

16 — La Vierge debout, 1553 (B. 50).
Superbe épreuve.

17 — La Vierge debout, 1527 (B. 51).
Très-belle épreuve.

18 — La Vierge assise (B. 54).
Très-belle épreuve.

19 — Les quatre Évangélistes, 1539, gravés d'après des dessins de G. Pentcz. Suite de quatre estampes (B. 57-60).
Très-belles épreuves.

20 — Sophonisbe, 1553 (B. 62).
Superbe épreuve ; elle est signée de P. Mariette, 1669.

21 — Tarquin et Lucrèce, d'après G. Pentcz, 1539 (B. 63).
Superbe épreuve ; elle est signée de P. Mariette, 1668. Rare.

22 — Tarquin et Lucrèce, 1553 (B. 64).
Superbe épreuve ; elle est signée de P. Mariette, 1669. Rare.

23 — Médée et Jason, 1529 (B. 65).
Superbe épreuve.

24 — Rhéa Sylvia (B. 66).
Superbe épreuve.

25 — L'Enlèvement, 1530 (B. 67).
Superbe épreuve.

26 — Mutius Scevola, 1530 (B. 69).
Superbe épreuve.

27 — Hector, 1532 (B. 70).
Très-belle épreuve.

28 — Titus Manlius, 1553 (B. 72).
Superbe épreuve.

28 bis — Le Père sévère, 1553 (B. 72).
Superbe épreuve.

29 — Apollon, Diane, Mars, Mercure et Jupiter (B. 74, 75, 76, 77 et 78). Cinq estampes.
Très-belles épreuves.

30 — Diane (B. 81).
Superbe épreuve.

31 — Les travaux d'Hercule, 1550. Suite de treize estampes (B. 83-95).
Superbes épreuves.

32 — Hercule et Anthée, 1529 (B. 96).
Très-belle épreuve.

33 — Thisbé (B. 101). Pièce de forme ronde.
Très-belle épreuve.

34 — La Concorde, la Fortune et le Sauveur victorieux (B. 103, 106 et 116). Trois estampes.
Superbes épreuves.

35 — Les Vertus et les Vices, 1552. Suite de quatorze estampes (B. 117-130).
Superbes épreuves.

36 — La Foi, l'Intempérance, la Force (B. 131, 132, 133).
Très-belles épreuves. Ce numéro sera divisé.

37 — Adam condamné à cultiver la terre. La Mort ôtant la tiare à un pape. La Mort auprès d'un cardinal (B. 138, 139 et 140). Trois estampes sur le pouvoir de la Mort.

Très-belles épreuves. Ce numéro sera divisé.

38 — Les Danseurs de Noce, 1538. Suite de huit estampes (B. 144-151).

Très-belles épreuves. Suite rare à trouver complète.

39 — Les Danseurs de Noce, 1551. Suite de huit estampes (B. 152-159).

Très-belles épreuves. Suite rare à trouver complète.

40. — Les Danseurs de Noce, 1538. Suite de douze estampes (B. 160-171).

Superbes épreuves. Très-rares à rencontrer de cette condition.

41 — Les deux Amants, 1529. Pièce de forme ronde (B. 173).

Très-belle épreuve.

42 — Le Soldat, 1529 (B. 174).

Très-belle épreuve.

43 — Le Soldat et sa Famille (B. 175).

Très-belle épreuve.

44 — L'Enseigne, 1540 (B. 177).

Superbe épreuve; elle est signée au verso de P. Mariette, 1682.

45 — Le Moine et la Religieuse, 1530 (B. 178).

Pièce rare.

46 — La Nuit, 1553 (B. 180).

Très-belle épreuve. Très-rare.

46 bis — Guillaume, duc de Juliers (B. 181).

Superbe épreuve.

47 — Jean de Leyde (B. 182).

Superbe épreuve.

48 — Le même portrait par Muller.

Très-belle épreuve.

49 — Bernard Knipperdolling, 1536 (B. 183). Copie par J. Muller.

Très-belle épreuve.

50 — Portrait de Martin Luther, 1540 (B. 184).
Superbe épreuve.

51 — Philippe Melanchton, 1540 (B. 185).
Très-belle épreuve.

52 — Albert Vander Helle, 1538 (B. 186).
Superbe épreuve du 1er état non décrit avec le mot DLH au lieu de DER.

53 — Henri Aldegraver, âgé de 28 ans, 1530 (B. 188).
Bonne épreuve.

54 — Henri Aldegraver, à l'âge de 35 ans, 1537 (B. 189).
Superbe épreuve.

55 — Vignette avec deux branches de rinceaux d'ornements (B. 193).
Très-belle épreuve.

56 — Vignette offrant une figure fantastique (B. 194).
Très-belle épreuve.

57 — Vignette où sont deux rameaux (B. 195).
Superbe épreuve.

58 — Vignette où l'on voit à droite un enfant nu tenant
un rinceau d'ornement (B. 197).
Superbe épreuve.

59 — Vignette où l'on a représenté un Triton portant
deux Néréides (B. 201).
Belle épreuve.

60 — Rinceau d'ornement où l'on voit à gauche une
femelle de centaure (B. 202).
Très-belle épreuve.

61 — Vignette où l'on voit au milieu une cuirasse (B.
203).
Superbe épreuve.

62 — Des enfants nus dansant en rond sous un dais (B.
205).
Superbe épreuve.

63 — L'Alphabet romain (B. 206).
Superbe épreuve.

64 — Un Enfant portant un Trophée d'armes (B. 207).
Belle épreuve.

65 — Deux Amours supportant un globe (B. 208).
Très-belle épreuve.

66 — Un Amour assis sur un bouc (B. 209).
Très-belle épreuve.

67 — Dessin de Gaine; en haut, un Seigneur allemand
portant un hibou de la main gauche (B. 215).
Très-belle épreuve.

68 — Vignette où l'on voit au milieu une Femme nue
sans bras, 1527 (B. 219).
Très-belle épreuve.

69 — Vignette offrant deux Enfants nus, 1527 (B. 220).
Très-belle épreuve.

70 — Vignette où l'on voit au milieu un Vase d'où
sortent deux rinceaux, 1528 (B. 222).
Belle épreuve.

71 — Un Vase d'ornements au pied duquel sont deux
Figures de femmes adossées. 1528 (B. 223).
Très-belle épreuve.

72 — Un Vase d'ornements où est représentée une Sirène,
1528 (B. 224).
Très-belle épreuve; elle a une petite marge.

73 — Dessin de Gaine, 1528 (B. 226).
Très-belle épreuve.

74 — Vignette représentant deux petits Génies ailés,
1529 (B. 228).
Très-belle épreuve.

75 — Vignette représentant un Centaure et une Femelle
de Centaure qui combattent ensemble, 1529 (B. 229),
Belle épreuve.

76 — Deux Enfants nus qui se tiennent par la main,
1529 (B. 230).
Très-belle épreuve.

77 — Trois Amours qui portent un ours, 1529 (B. 231).
Très-belle épreuve.

78 — Un Homme en cuirasse avec un casque sur la tête, etc., 1539 (B. 232).
Superbe épreuve.

79 — Un montant d'ornements, 1529 (B. 233).
Belle épreuve.

80 — Dessin de Gaine, 1529 (B. 234).
Très-belle épreuve.

81 — Autre dessin de Gaine, 1529 (B. 235).
Très-belle épreuve.

82 — Montant d'ornements (B. 236).
Très-belle épreuve.

83 — Vignette offrant des ornements qui sortent d'un vase, 1532 (B. 237).
Très-belle épreuve.

84 — Un Panneau rempli de feuillages, 1532 (B. 238).
Très-belle épreuve.

85 — Vignette offrant au milieu deux Sphinx, 1532 (B. 240).
Très-belle épreuve.

86 — Un Enfant assis tenant des branches de feuillage, 1532 (B. 244).
Très-belle épreuve.

87 — Petit Morceau rempli de feuillage, 1532 (B. 245).
Très-belle épreuve.

88 — L'Alphabet romain, 1535 (B. 250).
Très-belle épreuve.

89 — Quatorze Enfants dansant en rond, 1535 (B. 252).
Très-belle épreuve.

90 — Une composition d'ornements, 1535 (B. 255).
Très-belle épreuve.

91 — Autre composition d'ornements, 1535 (B. 256).
Très-belle épreuve.

92 — Deux Enfants qui font ployer des rinceaux d'ornements, 1536 (B. 257).
Très-belle épreuve.

93 — Dessin d'un poignard, la poignée et la gaine
ciselées, 1536 (B. 259).
Très-belle épreuve.

94 — Des Enfants combattant contre des ours, 1537
(B. 262).
Très-belle épreuve.

95 — Dessin d'une agrafe d'orfévrerie pour un cein-
turon, 1537 (B. 263).
Magnifique épreuve.

96 — Dessin d'un poignard dans sa gaine, 1537 (B. 265).
Très-belle épreuve avec sa marge.

97 — Des Enfants qui veulent précipiter deux de leurs
compagnons dans un puits, 1539 (B. 267).
Très-belle épreuve.

98 — Dessin de deux cuillères qui se croisent, 1539 (B.
268).
Belle épreuve.

99 — Vignette représentant deux Enfants nus couchés
aux deux côtés du buste d'un Empereur, 1539 (B.
269).
Très-belle épreuve.

100 — Dessin d'un Poignard, 1539 (B. 270).
Très-belle épreuve.

101 — Dessin grotesque, 1549 (B. 272).
Superbe épreuve.

102 — Autre dessin grotesque, 1549 (B. 273).
Très-belle épreuve.

103 — Autre dessin grotesque, 1549 (B. 274).
Superbe épreuve.

104 — Autre dessin grotesque, 1549 (B. 275).
Très-belle épreuve.

105. — Montant d'ornements, 1549 (B. 276).
Très-belle épreuve.

106 — Autre montant d'ornements, 1549 (B. 277).
Très-belle épreuve.

107. — Deux Enfants au milieu d'un entrelacs de feuillage, 1549 (B. 278).
Très-belle épreuve.

108. — Dessin grotesque, 1550 (B. 281).
Superbe épreuve.

109 — Autre dessin grotesque, 1550 (B. 282).
Superbe épreuve.

110 — Montant d'ornements, 1552 (B. 283).
Superbe épreuve.

111 — Autre montant d'ornements, 1552 (B. 284).
Superbe épreuve.

112 — Autre montant d'ornements, 1552 (B. 285).
Superbe épreuve.

113 — Autre montant d'ornements, 1552 (B. 286).
Superbe épreuve.

114 — Un Vase surmonté de rinceaux d'ornements, 1553 (B. 287).
Superbe épreuve.

115 — Montant d'ornements, 1553 (B. 288).
Superbe épreuve.

116 — Un Panneau rempli de feuillage (B. 289).
Très-belle épreuve.

117. — Un Soldat debout (B. 3 des pièces faussement attribuées à Aldegrever).
Très-belle épreuve.

118 — Un Homme nu assis dans une niche (B. 4).
Très-belle épreuve.

119 — Dessin d'une gaine ornée d'un grand nombre de figures et d'animaux (B. 8 des pièces faussement attribuées à Aldegrever).

Très-belle épreuve.

## ALMELOVEN (Jean)

119 bis. — Les quatre Saisons. Suite de quatre estampes d'après Saft-Leven (B. 13-16).

Superbes épreuves du 1er état, avant la lettre, excepté l'Automne.

## ALTDORFER (Albert)

120 — Judith (B. 1).

Belle épreuve.

121 — Samson (B. 2).

Très-belle épreuve.

122 — Dalila (B. 3).

Superbe épreuve, avec de la marge.

123 — Salomon adorant les idoles (B. 4).

Très-belle épreuve.

124 — Repos en Égypte (B. 5).

Très-belle épreuve.

125 — Jésus-Christ chassant les Vendeurs du Temple (B. 6).

Superbe épreuve.

126 — Crucifix (B. 7).

Très-belle épreuve.

127 — Crucifix (B. 8).

Très-belle épreuve.

128 — Jésus-Christ et la Vierge. 1519 (B. 9).

Très-belle épreuve.

129 — La Vierge sur le croissant (B. 11).

Très-belle épreuve.

130 — La Vierge (B. 12).

Très-belle épreuve.

131 — La Vierge (B. 13).
Très-belle épreuve.

132 — La Vierge et sainte Anne (B. 14).
Très-belle épreuve.

133 — La Vierge, 1507 (B. 15).
Très-belle épreuve.

134 — La Vierge assise dans un paysage (B. 17).
Très-belle épreuve.

135 — Saint Christophe (B. 19).
Très-belle épreuve.

136 — Saint Georges (B. 20).
Très-belle épreuve.

137 — Saint Jérôme (B. 21).
Belle épreuve.

138 — Saint Jérôme (B. 22).
Superbe épreuve.

139 — Le jeune Sauveur (B. 10). Saint Sébastien (B. 23).
2 pièces.

140 — La Religieuse (B. 24).
Très-belle épreuve.

141 — Hercule déchirant le lion (B. 26).
Très-belle épreuve.

142 — Hercule portant les deux colonnes (B. 27).
Très-belle épreuve.

143 — Hercule et une Muse (B. 28).
Très-belle épreuve.

144 — Mercure sautant dans la mer (B. 29).
Superbe épreuve.

145 — Neptune (B. 30).
Très-belle épreuve.

146 — Neptune (B. 31).
Très-belle épreuve.

147 — Vénus et les deux Amours (B. 32).
Très-belle épreuve.

148 — Vénus (B. 33).
Très-belle épreuve.

149 — Vénus (B. 34).
Belle épreuve.

150 — Vénus couchée (B. 35).
Très-belle épreuve.

151 — Le Jugement de Pâris (B. 36).
Très-belle épreuve.

152 — Deux Satyres se battant pour une Nymphe (B. 38).
Très-belle épreuve.

153 — Le Triton et la Néréide (B, 39).
Très-belle épreuve.

154 — Mutius Scévola (B. 40).
Très-belle épreuve

155 — Didon (B. 42).
Belle épreuve,

156 — La Fable de la Marguerite poétique (B. 43).
Très-belle épreuve.

157 — Pyrame et Thisbé (B. 44).
Très-belle épreuve.

158 — Génie monté sur un cheval de bois (B. 46).
Très-belle épreuve.

159 — L'Homme armé de toutes pièces (B. 50).
Très-belle épreuve.

160 — Le petit Porte-Enseigne (B. 52).
Très-belle épreuve.

161 — Le Joueur de violon (B. 54).
Très-belle épreuve.

162 — L'Homme réfléchissant (B. 55).
Très-belle épreuve.

163 — Femme au bain (B. 56).
Très-belle épreuve.

164 — Femme assise sur une cuirasse (B. 57).
Très-belle épreuve.

165 — Femme ailée (B. 58).
Superbe épreuve.

166 — Portrait de Martin Luther (B. 61).
Très-belle épreuve.

## PIÈCES GRAVÉES SUR BOIS

167 — L'Histoire de la chute de l'homme. Suite de quarante estampes (B. 1-40).
Très-belles épreuves.

168 — Le Sacrifice d'Abraham (B. 41).
Très-belle épreuve.

169 — Jahel et Sisara (B. 43).
Très-belle épreuve.

170 — L'Annonciation (B. 44).
Très-belle épreuve.

171 — L'Adoration des Bergers (B. 45).
Très-belle épreuve.

172 — Le Massacre des Innocents (B. 46).
Très-belle épreuve.

173 — La Résurrection (B. 47).
Très-belle épreuve.

174 — La Vierge debout dans une Église (B. 48).
Très-belle épreuve.

175 — La Vierge debout sur le croissant (B. 50).
Superbe épreuve.

176 — La Décollation de saint Jean-Baptiste (B. 52).
Très-belle épreuve.

177 — Saint Christophe (B. 53-54).
Très-belles épreuves.

178 — Saint Jérôme (B. 57).
Belle épreuve.

179 — Un Porte-Enseigne (B. 62).
Superbe épreuve.

179 bis. — Vue de l'Église de Ratisbonne, dédiée à la belle Vierge Marie, avec la représentation des miracles accomplis dans le pèlerinage fait en 1516; dans la marge du bas la description en allemand. Dimensions : hauteur, 30 centimètres sans la marge; largeur 38 centimètres, pièce gravée sur bois, non décrite par Barsich et Passavent.
Peut-être unique.

**AMMAN** (Josse)

180 — Les Habillements et les Mœurs des différentes nations des quatre parties du monde (B. 15).
Très-belle épreuve d'une pièce gravée à l'eau-forte. Rare.

181 — Coligny (Gaspard de), amiral de France (B. 17).
Magnifique épreuve.

**AMSLER** (Sam.)

182 — La Mise au tombeau, d'après Raphaël.
Belle épreuve avant la lettre; le nom du graveur à la pointe.

**ANDERLONI** (Pierre)

183 — La Femme adultère, d'après le Titien.
Très-belle épreuve avant la lettre; lettres grises.

184 — Moïse défendant les Filles de Jéthro, d'après le Poussin.
Très-belle épreuve avant la lettre; lettres grises.

185 — Le Jugement de Salomon, d'après Raphaël.
Très-belle épreuve avant la bordure et les noms d'auteurs. Les deux lignes d'inscription latine qui sont sur la bordure sont tracées. Elle est en feuille.

186 — La Vierge, l'Enfant Jésus et saint Jean, d'après le tableau de Raphaël qui se trouve dans la galerie du Belvédère, à Vienne.
Très-belle épreuve avant toutes lettres; elle est en feuille.

187 — La Sainte Famille, d'après Raphaël.
Très-belle épreuve avant la lettre. Elle est en fouille.

## ARDELL (J.-M.)

188 — Lord John et Lord Bernard Stuart, d'après Van Dyck.
Très-belle épreuve.

189 — Georges, duc de Buckingham. Charles, duc de Grafton, en pied, d'après Van Dyck.
Très-belle épreuve.

190 — Portrait de Rubens et de sa première femme.
Très-belle épreuve.

191 — La Femme de Rubens et ses enfants, d'après Rubens.
Très-belle épreuve.

## AUDRAN (Gérard)

192 — Le Portement de croix, d'après P. Mignard (R. D. 10).
Très-belle épreuve du 1er état, avant la lettre.

## AUDRAN (Jean)

193 — Secousse (Robert), curé de Saint-Eustache de Paris, d'après Rigaud.
Très-belle épreuve.

194 — Gondrin (Louis-Antoine de Pardaillan de), duc d'Antin, d'après Rigaud.
Belle épreuve.

195 — Le Tellier (François-Michel), archevêque de Reims, d'après Rigaud, petit portrait.
Belle épreuve.

## AUDRAN (B.)

196 — Portrait de Cornelius Visscher, d'après lui-même.
Belle épreuve.

2

### BACKHUIZEN (L.)

197 — Différentes marines et vues de l'Y, près d'Amsterdam. Suite de dix estampes avec un frontispice gravé (B. 1-10).
Très-belles et anciennes épreuves.

### BAILLIU (Pierre de)

198 — Jésus-Christ flagellé, d'après Diepenbeke.
Très-belle épreuve.

199 — Jésus-Christ couronné d'épines, d'après Diepenbeke.
Belle épreuve.

200 — Le Christ en croix, à ses pieds un capucin et deux saintes Femmes, d'après Van Dyck.
Belle épreuve.

201 — Adoration de la Croix, d'après P. Van Lint.
Très-belle épreuve.

202 — Renaud et Armide, d'après Van Dyck.
Belle épreuve.

203 — Aremberg (Albert, prince, comte d'), à cheval, d'après Van Dyck.
Belle épreuve.

### BALECHOU (Jean-Joseph)

204 — Sainte Geneviève, d'après Carle Vanloo.
Très-belle épreuve avant toutes lettres, les armes et avant le changement fait au jupon.

205 — La Tempête, d'après Joseph Vernet.
Très-belle épreuve avec la faute au mot Compagnie, qui est écrit Compagnie, et avant l'adresse de Buldet.

206 — Brühl (Henri, comte de), ministre du roi de Pologne.
Belle épreuve.

### BARBARA

207 — Le Jugement dernier, d'après Crispine.
Très-belle épreuve.

**BARBARY** (Jacques de), dit le Maître au Caducée.

208. — Judith (B. 1).

Très-belle épreuve.

209 — La Sainte Famille (B. 5).

Très-belle épreuve.

210 — Combat entre des Hommes et des Satyres. Pièce gravée sur bois (Pass. 31).

Estampe très-rare.

211 — Triomphe d'Hommes nus contre des Satyres. Grande estampe gravée sur bois en trois planches ; il nous manque la pièce formant la partie gauche du sujet (P. 32).

Très-belle épreuve. Fort rare.

## BAROCHE

212 — La Sainte Vierge assise sur un nuage (B. 2).

Superbe épreuve.

## BARON (B.)

213 — La Famille du comte de Pembroke, d'après Van Dyck.

Belle épreuve.

214 — La Famille de Jean, comte de Nassau, d'après Van Dyck.

Belle épreuve.

## BARY

215 — David Vlugh, général de Hollande, vu à mi-corps.

Très-belle épreuve.

## BAUSE (J.-F.)

216 — Pierre Ier, Empereur de Russie, d'après Le Roy.

Très-belle épreuve.

**BEATRIZET** (Nicolas)

217 — Sainte Élisabeth de Hongrie, d'après Girolamo Muciano (R. D. 26).
Très-belle épreuve du 1er état, avant l'adresse d'*Ant. Lafrery.*

218 — Henri II, roi de France, dans un ovale orné de deux génies (R. D. 40).
Belle épreuve du 2e état.

**BEAUGRAND** (M.-Achille)

219 — Saint Augustin et sa mère sainte Monique.
Superbe épreuve d'artiste sur chine avec les noms à la pointe.

**REAUVARLET** (Jacques-Firmin)

220 — Portrait des enfants du comte d'Artois, d'après Drouais.
Très-belle épreuve.

**BEHAM** (Barthelemi)

221 — La Vierge à la fenêtre (B. 8).
Belle épreuve.

222 — Saint Christophe, 1520 (B. 10).
Superbe épreuve du 1er état, avec le fond blanc.

223 — La même estampe.
Très-belle épreuve du 2e état, avec le fond terminés.

224 — Combat d'Hommes nus (B. 17).
Très-belle épreuve.

225 — Trois Têtes de mort. — Quatre Têtes de mort (B. 27 et 28).
Deux pièces.

226 — L'Enfant et le Chien, 1525 (B. 30).
Très-belle épreuve.

227 — L'Enfant dormant sur une Tête de mort (B. 31).
Superbe épreuve.

228 — L'Homme assis sur un Dauphin, 1525 (B. 33).
Très-belle épreuve.

**229** — L'Avare (B. 38).
Très-belle épreuve.

**230** — L'Homme assis sur une souche (B. 45).
Très-belle épreuve.

**231** — Le Hallebardier à cheval (B. 49).
Très-belle épreuve.

**232** — L'Enfant et le Rinceau d'ornements (B. 51).
Très-belle épreuve.

**233** — Les trois Enfants debout en triangle (B. 54).
Très-belle épreuve.

**234** — Portrait de l'Empereur Charles V (B. 60).
Très-belle épreuve.

**235** — Portrait d'Érasme Balderman (B. 63).
Superbe épreuve.

**236** — Un Amour tenant un Rinceau de feuillage inconnu
à Bartsch (Pass. 73).
Très-belle épreuve. Rare.

## BEHAM (Hans Sebald)

**237** — Adam et Ève debout (B. 3 et 4).
Très-belles épreuves.

**238** — Adam et Ève assis, 1536 (B. 5).
Copie en contre-partie. Superbe.

**239** — Adam et Ève, 1543. Le serpent a une tête de mort
(B. 6).
Très-belle épreuve, avant divers travaux.

**240** — Adam et Ève chassés du Paradis, 1543 (B. 7).
Magnifique épreuve.

**241** — Moïse et Aaron, 1526 (B. 8).
Belle épreuve.

**242** — Loth et ses Filles (B. 9).
Très-belle épreuve

**243** — Judith (B. 11).

**244** — Job s'entretenant avec ses amis. 1547 (B. 16).
Superbe épreuve.

245 — La Vierge immaculée, 1520 (B. 17).
Très-belle épreuve. Rare.

246 — La Vierge assise, 1520 (B. 18).
Très-belle épreuve.

247 — La Vierge au perroquet, 1549 (B. 19).
Très-belle épreuve.

248 — L'Homme de douleurs, 1520 (B. 26).
Bonne épreuve.

249 — Tête de Christ. 1519 (B. 27).
Très-belle épreuve.

250 — Tête de Christ, 1520 (B. 28).
Très-belle épreuve.

251 — Le Sauveur, 1546 (B. 39).
Superbe épreuve.

252 — La Parabole de l'Enfant prodigue. Suite de quatre
estampes (B. 31-34).
Très-belles épreuves.

253 — L'Enfant prodigue gardant des pourceaux (B. 35).
Superbe épreuve.

254 — Jésus-Christ et les douze Apôtres. Suite de sept
estampes (B. 36-42). Il manque le n° 40.
Bonnes épreuves.

255 — Les douze Apôtres. Suite de douze estampes (B. 43-
54).
Superbes épreuves.

256 — Les quatre Évangélistes. Suite de quatre estampes
(B. 55-58).
Superbes épreuves.

257 — Saint Jérôme, 1519 (B. 59).
Belle épreuve.

258 — Saint Jérôme, 1520 (B. 60).
Belle épreuve.

259 — Saint Jérôme, 1520 (B. 62).
Belle épreuve.

260 — Saint Jérôme, 1521 (B. 63).
Belle épreuve.

261 — Saint Antoine l'Ermite, 1521 (B. 64).
Très-belle épreuve.

262 — Saint Sébald, 1521 (B. 65).
Belle épreuve.

263 — Achille et Hector (B. 68).
Superbe épreuve.

264 — Combat entre les Grecs et les Troyens (B. 69).
Très-belle épreuve.

265 — L'Enlèvement d'Hélène (B. 70).
Superbe épreuve.

266 — Cimon nourri par sa Fille (B. 73). Pièce gravée à
l'eau-forte.
Très-belle épreuve.

267 — Cimon nourri par sa Fille, 1544 (B. 75).
Très-belle épreuve.

268 — Cléopâtre, 1529 (B. 76).
Très-belle épreuve.

269 — Cléopâtre (B. 77).
Très-belle épreuve.

270 — Lucrèce, 1519 (B. 78).
Très-belle épreuve d'un état non décrit, avec la date de 1529.

271 — Lucrèce (B. 79).
Très-belle épreuve.

272 — Didon, 1519 (B. 80).
Très-belle épreuve.

273 — Trajan (B. 82).
Très-belle épreuve.

274 — Buste de l'Empereur Trajan (B. 83).
Superbe épreuve.

275 — Buste de Domitia Calvilla, 1546 (B. 84).
Superbe épreuve.

276 — Portrait d'un Empereur (B. 85), probablement de
l'empereur Ferdinand.
Belle épreuve.

277 — Un Triton et une Néréide, 1523 (B. 87)
Superbe épreuve.

278 — Le Jugement de Pâris, 1546 (B. 89)
Très-belle épreuve.

279 — Vénus et l'Amour (B. 90)
Très-belle épreuve.

280 — L'Amour, 1521 (B. 93)
Très-belle épreuve.

281 — Les Travaux d'Hercule. Suite de douze estampes
(B. 96-107).
Très-belles épreuves. Plusieurs sont avant des travaux.

282 — Satyre jouant de la Lyre (B. 109)
Superbe épreuve.

283 — Satyre femelle jouant de la cornemuse (B. 110)
Superbe épreuve.

284 — Léda, 1548 (B. 112)
Magnifique épreuve du premier état avec le mot compressu.

285 — Les sept Planètes. Suite de huit estampes, y compris le titre (B. 113-120).
Superbes épreuves.

286 — Les sept Arts libéraux. Suite de sept estampes
(B. 121-127).
Très-belles épreuves.

287 — La Religion chrétienne victorieuse (B. 128)
Très-belle épreuve du 1er état, avant beaucoup de travaux.

288 — La même estampe.
Très-belle épreuve du 2e état.

289 — La même estampe.
Belle épreuve du 3e état.

290 — La Connaissance de Dieu et les sept Vertus chrétiennes. Suite de huit estampes. (B. 129-136).
Superbes épreuves.

291 — La Patience, 1540 (B. 138)
Magnifique épreuve avant divers travaux dans les nuages.

292 — La même estampe.
Très-belle épreuve.

293 — La Bonne Fortune, 1541. La Fortune contraire (B. 140-141).
Superbes épreuves.

294 — Le Triomphe (B. 143).
Superbe épreuve.

295 — La Mélancolie, 1539 (B. 144).
Très-belle épreuve.

296 — L'Impossible, 1549 (B. 145).
Superbe épreuve du 1er état.

297 — La jeune Femme accompagnée d'un bouffon, 1540 (B. 149).
Superbe épreuve.

298 — La Mort et les trois Sorcières (B. 151).
Superbe épreuve

299 — Les Noces de village, 1546. Suite de dix estampes (B. 154-163).
Magnifiques épreuves. Suite fort rare à trouver complète.

300 — Le Banquet (B. 164).
Très-belle épreuve.

301 — Des Paysans qui se battent (B. 165).
Très-belle épreuve.

302 — Noces de village, 1537. Suite de douze estampes (B. 166-167), dont nous n'avons que neuf ; il manque les n°s 172, 176 et 177.
Belles épreuves.

303 — Marche des nouveaux mariés de village (B. 180, 181, 183 et 185). 4 p.
Belles épreuves.

304 — Le Paysan au marché. La Paysanne au marché (B. 186 et 187).
Superbes épreuves.

305 — Le Paysan à la fourche, 1542, et son compagnon
(B. 188-189).
Superbes épreuves.

306 — Le Paysan allant au marché, 1520 (B. 191).
Très-belle épreuve.

307 — Le Vendeur d'œufs, 1520 (B. 193).
Belle épreuve.

308 — Le Paysan dansant avec une nouvelle mariée,
1522 (194).
Très-belle épreuve.

309 — Les trois Soldats et le Chien (B. 196).
Belle épreuve.

310 — Le Porte-Enseigne et le Tambour, 1544 (B. 199).
Très-belle épreuve.

311 — Le Porte-Enseigne, 1526 (B. 200).
Bonne épreuve.

312 — Le Soldat amoureux, 1521 (B. 202).
Très-belle épreuve.

313 — Le Soldat, 1520 (B. 203).
Très-belle épreuve.

314 — La Femme à la harpe (B. 205).
Très-belle épreuve.

315 — Le Vieillard et le Valet portant un sac (B. 206).
Bonne épreuve.

316 — Groupe d'Enfants nus (B. 210).
Superbe épreuve.

317 — Enfant assis, endormi (B. 211).
Très-belle épreuve.

318 — Le Bouffon et les deux couples d'amoureux
(B. 212).
Superbe épreuve.

319 — Les deux Bouffons (B. 213).
Superbe épreuve.

320 — La Femme couchée, vue par le dos (B. 215).
Très-belle épreuve du 2e état, avant le monogramme.

320 *bis* — La même estampe.
Très-belle épreuve du 3e état, avant les nuages dans le ciel.

320 *ter* — La même estampe.
Belle épreuve du 4e état.

321 — Le Berger, 1525 (B. 216).
Très-belle épreuve.

322 — Tête de Cheval (B. 218).
Très-belle épreuve.

323 — Étude d'une Tête d'Homme. Étude d'une Tête de
Femme, 1542 (B. 219-220).
Très-belles épreuves.

324 — Vignette à l'Aigle (B. 224).
Superbe épreuve.

325 — Vignette aux Satyres (B. 225).
Très-belle épreuve.

326 — Vignette au Sphinx, 1544 (B. 226).
Superbe épreuve.

327 — Vignette au Mascaron, 1544 (B. 228).
Très-belle épreuve.

328 — L'Alphabet romain, 1545 (B. 229).
Très-belle épreuve.

329 — Le petit Bouffon, 1542 (B. 230).
Superbe épreuve.

330 — Le Mascaron, 1543 (B. 231).
Superbe épreuve.

331 — La Satyresse entre les deux Satyres (B. 232).
Très-belle épreuve.

332 — Le Vase au milieu de deux Génies (B. 233).
Très-belle épreuve.

333 — L'Homme fantastique (B. 234.)
Belle épreuve.

334 — Les deux Têtes de poissons (B. 235).
Superbe épreuve.

335 — Les deux Génies, 1544 (B. 236).
Superbe épreuve.

336 — Le Char de triomphe (B. 237).
Très-belle épreuve.

337 — Vase supporté par deux Génies, 1526 (B. 238).
Très-belle épreuve.

338 — Dessin d'un Vase, 1530 (B. 239).
Très-belle épreuve.

339 — Montant d'Ornements (B. 244).
Très-belle épreuve.

340 — Montant d'Ornements, 1527 (B. 245).
Très-belle épreuve.

341 — Montant d'Ornements, 1526 (B. 246).
Très-belle épreuve.

342 — Dessins de Chapiteaux de colonnes, suite de quatre estampes (B. 247-250).
Superbes épreuves.

343 — Trois Chapiteaux de colonnes (B. 251).
Superbe épreuve.

344 — Colonne corinthienne finie, 1543 (B. 253).
Superbe épreuve.

345 — Les armoiries de Sebald Beham (B. 254).
Très-belle épreuve avec une petite marge.

346 — Armoiries d'imagination, 1544 (B. 255).
Très-belle épreuve avec une petite marge.

347 — Les armoiries au Coq, 1543 (B. 256).
Superbe épreuve.

348 — Les Armoiries à l'Aigle, 1548 (B. 257).
Superbe épreuve.

349 — La Circoncision (B. 2 des pièces faussement attribuées à Beham).
Belle épreuve.

350 — Les Divinités qui président aux sept planètes. Suite de sept estampes (B. 5 des pièces faussement attribuées).

Belles épreuves.

## PIÈCES GRAVÉES SUR BOIS

351 — Adam et Ève accompagnés chacun de deux enfants (B. 74).

Très-belle épreuve.

352 — Sujets de la Passion (B. 84, 86, 88, 89, 90). 5 p.

Belles épreuves.

353 — La Vierge assise sous une tente. — La Vierge assise sous un arbre (B. 121-123). 2 p.

Belles épreuves.

354 — Saint Jérôme (B. 124).

Belle épreuve.

355 — Un Saint avec une clef de Saint Pierre à ses côtés (B. 137).

Belle épreuve.

356 — Jeune Homme près d'une jeune Femme (B. 161).

Belle épreuve.

357 — Un Bain où l'on voit plusieurs Femmes et Enfants nus qui se baignent (B. 167).

Belle épreuve.

## BELLE (Étienne de la)

358 — Vue et perspective du Pont-Neuf de Paris (J. 112).

Superbe épreuve avant la girouette, placée sur le clocher de Saint-Germain-l'Auxerrois.

## BELOTTO dit CANALETTO

359 — Diverses Vues de Dresde gravées à l'eau forte. Treize grandes estampes dont deux en hauteur et onze en largeur.

1° Vue de l'église et de la rue Sainte-Croix, 1757;

2° Vue de l'église Notre-Dame et de la rue dite la Rammisch-Gasse, 1757;

3° Perspective de la galerie et du jardin de Son Excellence Monseigneur le comte de Brühl, 1747;

4° Perspective de la ville neuve et du palais de Sa Majesté dit d'Hollande, 1747;

5° Perspective de la façade de la royale église catholique, 1748;

6° Perspective du pont de Dresde sur l'Elbe, 1748;

7° Perspective de la façade de la galerie royale de Dresde, 1749;

8° Vue extérieure de la porte Wilsche-Thor remparts de la ville, 1750;

9° Vue de la place de la ville neuve, 1750;

10° Perspective de la place de la Grande-Garde, 1750;

11° Vue de la grande place du Vieux-Marché, 1752;

12° Vue latérale des galeries du Zwinger, 1758;

13° Vue intérieure des pavillons et des galeries du Zwinger, 1758.

Très-belles épreuves.

## BERGHEM (Nicolas)

360 — La Vache qui pisse (B. 2).

Très-belle épreuve avant l'adresse de *F. de Wit.*

361 — Les trois Vaches en repos (B. 3).

Superbe épreuve du 2ᵉ état avant le nom de Berghem.

362 — L'Homme monté sur l'âne, ou le Retour du champ. (B. 5).

Très-belle épreuve.

363 — Le Pâtre causant avec une Femme (B. 7).

Très-belle épreuve.

364 — Les Vaches à la Laitière. Suite de six estampes (B. 23-28).

Très-belles épreuves.

## BERTETUIS (L.)

365 — Le Denier de César, d'après D. Campagnola.

Belle épreuve.

## BERVIC (Charles-Clément)

366 — Saint Jean prêchant dans le désert.

Très-belle épreuve d'artiste.

367 — L'Enlèvement de Déjanire, d'après le Guide.

Superbe épreuve avant la lettre. Elle est en feuille.

368 — L'Éducation d'Achille, d'après Regnault.

Très-belle épreuve avant la lettre.

369 — Laocoon et ses enfants enveloppés par deux ser-
pents, d'après un groupe antique.

Superbe épreuve d'artiste; le nom de Bervic est tracé à la pointe dans
le milieu de la marge du bas.

370 — Le Repos, d'après Lépicié.

Très-belle épreuve avant la lettre.

371 — Louis XVI en pied et en manteau royal, d'après
Callet.

Très-belle épreuve avant la déchirure; elle est signée de Bervic.

372 — Louis XVI en pied et en manteau royal, d'après
Callet.

Très-belle épreuve avant la lettre; signée du graveur. Elle a de la
marge.

## BETTELINI

373. — Assomption de la Vierge, d'après Guido Reni.

Très-belle épreuve avant la lettre.

## BINCK (JACQUES)

374 — Loth et ses Filles (B. 4).

Superbe épreuve.

375. — Judith, 1528 (B. 8).

Très-belle épreuve.

376. — Le Massacre des Innocents (B. 10).

Superbe épreuve.

377. — Le Massacre des Innocents, d'après Raphaël (B. 11).

Très-belle épreuve d'une estampe que Bartsch indique comme rare.

378. — La Vierge sur le trône (B. 20).

Belle épreuve.

379. — Saint Antoine l'Ermite (B. 21).

Très-belle épreuve.

380. — Hercule et Nessus (B. 49).

Très-belle épreuve.

381 — La Mort et le Soldat (B. 51).

Très-belle épreuve.

382 — La Mort terrassant le Soldat (B. 52).
Très-belle épreuve.

383 — Le Tambour et les deux Soldats (B. 65).
Belle épreuve.

384 — Le Porte-Enseigne, le Tambour et le Fifre (B. 66).
Très-belle épreuve.

385 — Les Soldats jouant (B. 74).
Très-belle épreuve.

386 — Portrait de Claude de France, première femme de François 1er (B. 90).
Très-belle épreuve. Rare.

387 — Portrait de Jacques Bink (B. 95).
Belle épreuve.

## BLANCHARD (M.-A.)

388 — La Descente de Croix, d'après Rubens.
Très-belle épreuve d'artiste sur chine avec les noms à la pointe.

## BLEKER (C.)

389 — L'Ange promettant un fils à Abraham (B. 1).
Belle épreuve.

390 — Jacob donnant un baiser à Rachel (B. 2).
Très-belle épreuve. Très-rare.

391 — Jacob s'entretenant avec Rachel (B. 3).
Très-belle épreuve.

392 — La Résurrection de Lazare (B. 4).
Belle épreuve.

393 — Paul et Barnabé à Lystre (B. 5).
Superbe épreuve du 1er état, avant l'adresse de N. Visscher.

394 — Le Vacher (B. 6).
Très-belle épreuve.

395 — Le Troupeau qui s'abreuve (B. 7).
Belle épreuve.

396 — Le Troupeau en marche (B. 8).
Très-belle épreuve.

397 — La Laitière (B. 9).
Très-belle épreuve du 1er état, avant l'adresse de *J. Kralinge*.

398 — Le Chariot à quatre roues (B. 10).
Belle épreuve.

399 — Le Chariot à deux roues (B. 11).
Belle épreuve.

400 — Le Cabriolet (B. 12).
Belle épreuve.

## BLOEMAERT (CORNEILLE)

400 *bis.* — La Nativité, d'après Abr. Bloemaert.
Très-belle épreuve avant la lettre.

## BLOT (MAURICE)

401 — Monseigneur le Dauphin, et Madame, fille du roi (les enfants de Louis XVI), d'après Mme LeBrun.
Très-belle épreuve.

## BLOTELING (ABRAHAM)

402 — Augustus Stellingwerf, amiral de Hollande, d'après Vander Helst.
Magnifique épreuve.

403 — Eybert Meesy-Cortenaer, amiral de Hollande, d'après Vander Helst.
( Superbe épreuve du 1er état, avant les mots : *et excudit*, à la suite du mot *sculpsit*.

404 — Portrait de Hermann Langelius, ecclésiastique d'Amsterdam, d'après F. Hals.
Superbe épreuve.

405 — Portrait de Michel Adrien Ruyter, célèbre amiral de Hollande.
Très-belle épreuve.

406 — Manhatten Zeehelt Aert Van Nes, amiral de Hollande, d'après L. de Jongh.
Très-belle épreuve.

3

### BLOTELING

407 — Cordelisz de With, célèbre amiral de Hollande, d'après H. Sorch.
Superbe épreuve.

### BOL (FERDINAND)

408 — Le Sacrifice d'Abraham (B. 1). Cl. 1.
Belle épreuve.

409 — Le Sacrifice de Gédéon (B. 2). Cl. 2.
Très-belle épreuve.

410 — Saint Jérôme dans une caverne (B. 3). Cl. 3.
Belle épreuve.

411 — Vieillard philosophe (B. 6). Cl. 6.
Belle épreuve.

412 — Vieillard à barbe frisée appuyé sur une canne. (B. 9). Cl. 9.
Très-belle épreuve.

413 — Portrait d'officier (B. 11). Cl. 12.
Très-belle épreuve.

414 — Portrait d'homme (B. 12). Cl. 13.
Très-belle épreuve d'un état non décrit, avant que les deux coins du bas de l'estampe aient été terminés; elle a une petite marge.

415 — La Femme à la poire (B. 14). Cl. 16.
Très-belle épreuve.

### BOLSWERT (BOECE A.)

416 — L'Adoration des Bergers, d'après A. Bloemaert.
Très-belle épreuve.

417 — La Vierge et l'Enfant Jésus dans une guirlande de fleurs, d'après A. Bloemaert.
Très-belle épreuve.

418 — Maurice Prince d'Orange, comte de Nassau, dans un cadre soutenu par deux figures allégoriques.
Très-belle épreuve.

**419.** — Lit de parade de Philippe Guillaume, prince d'O-
range. Mort le 21 février 1618.

Superbe épreuve du premier état.

## BOLSWERT (Schelte A.)

**420** — La Sainte Famille aux Anges, d'après Van Dyck.

Superbe épreuve avec l'adresse de *Martin Vanden Enden.*

**421** — La Vierge considérant l'Enfant Jésus qui est sur ses
genoux, d'après Van Dyck.

Superbe épreuve.

**422** — L'Enfant Jésus endormi sur le sein de la Vierge,
d'après Van Dyck.

Très-belle épreuve avant l'adresse de *Bon-Enfant.*

**423** — Le Couronnement d'Épines, d'après Van Dyck.

Superbe épreuve avant les contre-tailles au vêtement et à la jambe gauche du deuxième soldat qui est debout, à droite.

**424** — Le Christ en croix. Sainte Catherine de Sienne embrasse le pied de la Croix, à droite saint Dominique
debout. Estampe connue sous le nom du Christ au Ja
cobin.

Superbe épreuve avant toutes lettres ; elle est doublée. Très-rare.

**425** — La même estampe.

Belle épreuve avec la lettre.

**426** — Le Christ à l'Éponge, d'après Van Dyck.

Épreuve du 1er état où saint Jean n'a pas la main sur l'épaule de
la Vierge ; elle est avant les contre-tailles à la partie ombrée du corps et
du bras droit du Christ, avant l'ombre portée devant le gros doigt du pied
de l'homme qui présente l'éponge, etc.

**427** — La même estampe.

Épreuve du deuxième état avec la main de saint Jean sur l'épaule de la
Vierge ; la dédicace au marquis de Moncade a été enlevée et le nom de Van
Dyck reporté à droite. Très-rare.

**428** — Le Christ en croix entre la sainte Vierge, saint Jean,
d'après Jordaens.

Belle épreuve.

429 — Pan gardant des chèvres et des moutons, d'après
Jordaens.
Belle épreuve.

430 — Jésus-Christ descendu de la croix, d'après Diepenbecke.
Très-belle épreuve.

431 — Intérieur représentant deux Gentilshommes avec
leurs dames. Pièce en largeur d'après Vander Laemen.
Très-belle épreuve.

### BONASONE (JULES)

432 — La Vierge assise sur une espèce de trône, d'après
Michel-Ange (B. 66).
Belle épreuve.

433 — Le Jugement dernier, d'après Michel-Ange (B. 80).
Superbe épreuve.

434 — Les Troyens introduisant dans leur ville le funeste
cheval de bois, d'après Primatice (B. 85).
Superbe épreuve.

435 — Portrait de Michel-Ange Buonarotti (B. 345).
Superbe épreuve.

### BOS (CORNEILLE), 1550.

436 — Dessins d'Armures et de Casques.
Très-belle épreuve. Rare.

### BOSSE (ABRAHAM)

437 — La Vie de l'Enfant prodigue. Suite de six estampes
(D. 34-39).
Très-belles épreuves avec l'adresse de *Leblond*.

438 — Cérémonie observée au contrat de mariage passé à
Fontainebleau entre Uladislas IV, roi de Pologne, et
Louise Marie de Gonzague, princesse de Mantoue, le
25 septembre 1645 (D. 1223).
Très-belle épreuve.

439 — La Joie de la France (D. 1224).
Très-belle épreuve.

**440** — Urbain VIII assis sous un dais et entouré de figures allégoriques, d'après Diepenbecke. Grande estampe gravée en deux planches pour une thèse.
Superbe épreuve.

### BOTH (André)

**441** — L'Ermite (B. 1).
Très-belle épreuve avant beaucoup de travaux.

**442** — Tentation de Saint-Antoine (B. 8).
Belle épreuve.

### BOUCHER (Fr.)

**443** — Portrait de Antoine Watteau, d'après lui-même.
Belle épreuve.

### BOUT (Pierre)

**444** — Les Marchands de poissons (B. 1).
Très-belle épreuve.

**445** — Les Patineurs (B. 2).
Superbe épreuve.

**446** — Le Traineau (B. 3).
Très-belle épreuve.

**447** — Les Chasseurs (B. 4).
Superbe épreuve.

**448** — La Jetée (B. 5),
Superbe et rare épreuve du 1ᵉʳ état, non décrit, avec la bordure faible et interrompue.

### BOYVIN (René)

**449** — La Chaste Suzanne, d'après maître Roux (R. D. 8).
Belle épreuve.

**450** — L'Annonciation, d'après maître Roux (R. D. 5).
Superbe épreuve.

451 — La Sainte Famille, sainte Élisabeth et saint Jean, d'après Raphaël (R. D. 9).
Belle épreuve.

452 — L'Appareil d'un sacrifice, d'après maître Roux (R. D. 15).
Superbe épreuve.

453 — La Nymphe de Fontainebleau, d'après maître Roux (R. D. 18).
Très-belle épreuve.

454 — L'Assemblée des dieux, d'après le Primatice. Composition pour un plafond (R. D. 33).
Très-belle épreuve.

455 — Céphale et Procris, d'après maître Roux (R. D. 69).
Superbe épreuve.

456 — Les Amours de Jupiter et de Calisto, d'après maître Roux (D. 73).
Très-belle épreuve.

### BRAMER (J.)

457 — Le Musicien.
Pièce rare.

### BREENBERG (Bartholomée)

458 — Ruines de Rome. Suite de dix-sept estampes, y compris le titre (B. 1 à 17); il manque les numéros 3, 4 et 5 pour que cette suite soit complète, 14 estampes.
Très-belles épreuves.

459 — Les Restes d'un château ruiné (B. 18).
Très-belle épreuve.

460 — Le Satyre maltraitant la femme (B. 19).
Très-belle épreuve.

461 — Les Satyres (B. 20).
Superbe épreuve.

462 — L'Auberge (B. 23).
Très-belle épreuve.

## BRENTEL (F.)

463 — Portrait de Frédéric de Saxe, surnommé le Magnanime, en pied et armé de toutes pièces, dans un cadre entouré d'écussons d'armes. Au bas à gauche *F. Brentel 1609.*
Très-belle épreuve. Fort rare.

464 — Gravure représentant la Salle de bal de Stuttgart, en l'an 1619.
Très-belle épreuve.

## BRESSE (Jean-Antoine de)

465 — La Sépulture, d'après André Mantegna (B. 2.)
Très-belle épreuve.

466 — Jésus-Christ ressuscité, d'après André Mentagna (B. 3).
Très-belle épreuve.

## BREUGHEL (Pierre)

467 — Vue de pays d'une large étendue.
*Arti et genio stat sine morte decus.*
Très-belle épreuve. Eau-forte de la plus grande rareté.

## BRONKHORST (Jean-J.)

468 — Le Crucifix (B. 1).
Très-belle épreuve.

469 — Venus et l'Amour (B. 4).
Superbe épreuve. Rare.

470 — L'Amour marchant sur des nuages (B. 7).
Très-belle épreuve.

471 — Ruines de l'ancienne Rome. Suite de neuf estampes (B 12-20). Il manque les numéros 17 et 20, sept pièces.
Très-belles épreuves avant que les planches aient été diminuées.

472 — L'Arc des Orfèvres à Rome (B. 21).
Très-belle épreuve.

473 — La Madeleine pénitente, morceau inconnu à Bartsch -
(W. 27).
Très-belle épreuve de la plus grande rareté.

## BROSAMER (Hans)

474 — Bethsabée au bain (B. 3)
Très-belle épreuve.

475 — Jésus-Christ à la croix, 1542 (B. 6).
Très-belle épreuve.

476 — Lucrèce. 1537 (B. 9).
Très-belle épreuve,

477 — Le Jugement de Páris (B. 11). Pièce de forme
ronde.
Très-belle épreuve,

478 — Le Jugement de Páris (B. 12). Pièce de forme
ronde.
Superbe épreuve.

479 — Laocoon, 1538 (B. 15).
Très-belle épreuve.

480 — Le Joueur de luth, 1537. (B. 17).
Belle épreuve.

481 — Chasse au cerf (B. 21).
Très-belle épreuve.

482 — Portrait de l'abbé de Fulde (B. 23).
Très-belle épreuve. Rare.

483 — Le Palefrenier dans une écurie (B. 15 des gravures
en bois).
Belle épreuve.

## BRUYN (N. de), 1504.

484 — Sujet d'Amours appuyé sur une tête de mort, et
frise avec des oiseaux et des fruits, deux pièces.
Superbes épreuves.

## BRUYN

485 — Un Prophète prêchant dans le désert, d'après L. de Leyde.
Belle épreuve.

## BRY (Théodore de)

486 — Le Triomphe de Bacchus.
Superbe épreuve.

487 — La Fontaine de Jouvence, d'après H. S. Beham.
Très-belle épreuve.

488 — L'Age d'or, d'après A. Bloemaert. Pièce de forme ronde.
Belle épreuve.

489 — La Famille, pièce de forme ronde.
Superbe épreuve.

490 — Fête de Village, d'après H. S. Beham.
Très-belle épreuve.

491 — Assemblée de Seigneurs et Dames vénitiens, d'après Paul Véronèse. Pièce de forme ronde.
Très-belle épreuve.

492 — Marche d'hommes, femmes et cavaliers suivis de la Mort.
Très-belle épreuve.

493 — Montant d'ornement en largeur.
Très-belle épreuve.

494 — Panneau d'ornement en hauteur.
Très-belle épreuve.

495 — Fond de Coupe entouré d'ornements.
Très-belle épreuve.

## BURGMAIR (Hans)

496 — Jeune femme poussant des cris, et fuyant la Mort. (B. 40).
Clair-obscur de trois planches, extrêmement rare, avec le nom de Jost de Necker sur la gauche du pilastre, et que Passavant pense avoir été l'inventeur des gravures en clair-obscur.

497 — Une Femme montée sur le dos d'un homme qui marche à quatre pattes (B. 73).
Belle épreuve.

## CALAMATTA (M.-Luigi)

498 — La Vierge à la chaise, d'après Raphaël.
Très-belle épreuve d'artiste sur chine, avec les noms à la pointe.

499 — Marthe et Marie, d'après E. Lesueur.
Très-belle épreuve avant toutes lettres, sur papier de Chine.

## CALLOT (Jacques)

500 — La Sainte Famille (M. 67).
Cette pièce est gravée à l'eau-forte. M. Meaume, dans la description de son Catalogue, décrit cette pièce d'après Mariette et cite qu'il en existait une chez M. Quentin de l'Orangère; c'est probablement notre épreuve.

501 — Le grand Rocher (M. 616).
Mariette indique ce morceau comme rare.
Superbe épreuve portant la signature de P. Mariette, 1567.

502 — La grande Foire de Florence, *première planche* (624).
Très-belle épreuve du 3ᵉ état, avant les deux écussons au bas à droite et à gauche.

503 — Les Supplices (665).
Très-belle épreuve du 2ᵉ état; la tour et la statue de la Vierge qui sont dans le fond sont très-visibles, et le tracé des lettres apparent.

504 — La petite Vue de Paris (712).
Superbe épreuve du 1ᵉʳ état, avant toutes lettres et avant la vue du Pont-Neuf dans le fond.

505 — La même estampe.
Très-belle épreuve du 2ᵉ état, avec la vue du Pont-Neuf et avec l'adresse d'Israël.

506 — Vue du Louvre (713).
Très-belle épreuve du 2ᵉ état, avant l'adresse : *Israel Silvestre ex. cum privilegio Regis.*

507 — Vue du Pont-Neuf, de la Tour et de l'ancienne Porte de Nesle (714).
Très-belle épreuve du même état que la précédente. Ces deux estampes font pendant.

## CAMPAGNOLA (Dominique)

**508** — L'Assomption (B. 4).
Pièce de la plus haute rareté.

**509** — La Décollation d'une sainte (B. 6). Pièce de forme ronde.
Belle épreuve.

**510** — Les Bergers musiciens (B. 9).
Superbe épreuve provenant de la collection P. Lely.

**511** —, La Bataille (B. 19).
Très-belle épreuve.

**512** — Le Massacre des Innocents. Grande estampe gravée sur bois en deux planches (B. 1).
Belle épreuve.

**513** — L'Amour endormi sur un rinceau de fruits ; deux têtes de lions dans les coins du haut. Morceau inconnu à Bartsch, (Passavant, 22) mais décrit par Passavant dans la collection Wellesley.

## CAMPAGNOLA (Jules)

**514** — Jésus et la Femme samaritaine (B. 2).
Pièce très-rare.

**515** — L'Astrologue (B. 8).
Superbe épreuve d'une pièce extrêmement rare qui a été mal décrite par Bartsch. Notre épreuve est l'original reconnu par Passavant et M. Galichon, et a été décrit par Bartsch comme la copie C.

**516** — Un jeune homme contemplant une tête de mort (Passavant tome V, p. 166, n° 12).
Cette pièce inconnue à Bartsch est très-rare.

## CANAL (Gio Antonio), dit CANALETTO

**517** — *Vedute, altre prese dai luoghi, altre ideate, da Antonio Canal e da esso intagliate, etc.* Suite de trente et une pièces, y compris le titre.
Superbes épreuves du 1ᵉʳ état, avant les lettres alphabétiques placées au bas de la planche, à droite. Très-rare en cet état.

### CARAGLIO (Jean-Jacques)

**518.** — Énée sauvant Anchise, d'après Raphaël (B. 80).
Superbe épreuve.

**519** — Ixion embrassant un nuage qui avait la forme de Junon, d'après Perino del Vaga (B. app. 1).
Très-belle épreuve.

### CARDON (Ant.)

**520** — Madame Recamier, debout, d'après R. Cosway.
Belle épreuve. Rare.

### CARON (Adolphe)

**521** — Le Christ au Jardin des Oliviers, d'après A. Scheffer.
Très-belle épreuve d'artiste avec les noms à la pointe.

**522** — Marguerite sortant de l'église, d'après A. Scheffer.
Très-belle épreuve avant la lettre sur papier de chine.

### CARRACHE (Annibal)

**523** — Le Christ de Caprarole (B. 3).
Épreuve du 2ᵉ état, avant l'adresse de E. Van Aelst.

**524** — La même Estampe.
Belle épreuve.

**525** — Sainte Famille (B. 11).
Superbe épreuve.

### CARRACHE (Augustin)

**526** — Saint Jérôme, d'après le Tintoret (B. 76).
Superbe épreuve.

### CATHELIN

**527** — Portrait de Marie-Antoinette, reine de France, d'après Fredou.
Très-belle épreuve avant toutes lettres. Rare.

**528** — Jelyotte (Pierre), ordinaire de la musique du Roi, d'après Tocqué.
Très-belle épreuve avant toutes lettres. Rare en cet état.

### CAUKERCKEN

**529** — La Charité, d'après Van Dyck. .
Belle épreuve.

**530** — Jésus-Christ mort soutenu par la Sainte Vierge,
d'après Van Dyck.
Superbe épreuve avant toutes lettres; elle est doublée. Très-rare.

### CHAMBARS (T.)

**531** — Hélène Forman, femme de P. P. Rubens, en pied,
d'après Van Dyck.
Très-belle épreuve avant la lettre.

### CHEREAU (Fn.)

**532** — Conrad Defleu de Dehn, ministre d'Etat de Guillaume, duc de Brunswick, d'après Rigaud.
Très-belle épreuve du 1ᵉʳ état, avec l'inscription en cinq lignes et avant
que les armes aient été changées.

**533** — Le même Portrait.
Belle épreuve avec l'inscription en sept lignes et avec les armes
changées.

**534** — Nicolas de Launay, directeur de la Monnaie de
France, d'après Rigaud.
Belle épreuve.

**535** — Fleury (André-Hercule, cardinal de), d'après Rigaud.
Belle épreuve.

### CLAAS (Alaert)

**536** — Adam et Ève (B. 2).
Bonne épreuve.

**537** — David et Goliath (B. 7),
Bonne épreuve.

**538** — Sainte Barbe (22), Hercule et Déjanire (26), Bethsabée (9). 3 pièces.

**539** — Saint Christophe (B. 14).
Belle épreuve.

540 — Le Jugement de Pâris (B. 25).
Très-belle épreuve.

541 — Le Cavalier et le Fantassin (B. 36).
Belle épreuve.

542 — Les deux Brigands. — Le Porte-enseigne (B. 38 et
40).
Belles épreuves.

543 — Les deux Hommes et la Femme endormie (B. 41).
Belle épreuve.

544 — La Vignette aux deux tritons. La Vignette au triton
(B. 44, 45).
Bonnes épreuves.

545 — Montants d'ornements (B. 54, 57). 2 pièces.
Belles épreuves.

### CLAESSENS (L.-A.)

546 — La Femme hydropique, d'après G. Dow.
Superbe épreuve avant toutes lettres.

547 — La même Estampe.
Très-belle épreuve avant la lettre; lettres tracées

### CLOUWET (Pierre)

548 — Le Christ en croix, d'après Van Dyck.
Superbe épreuve.

549 — Henri Zœsius, de l'Académie de Louvain, d'après
Diepenbecke.
Superbe épreuve.

### COCK (H.), excudit

550 — Allégories sur le monde. Deux estampes.
Très-belles épreuves.

### COCK

551 — Éléphant chargé de machines de guerre et entouré
de soldats.
Très-belle épreuve.

**COOPER** (Richard)

**551** *bis* — Portraits des enfants de Charles Ier, d'après Van Dyck.
Belle épreuve.

**CRANACH** (Lucas)

**552** — La Pénitence de saint Chrysostôme (B. 1).
Très-belle épreuve.

**553** — Les deux ducs de Saxe (B. 2).
Ancienne épreuve.

**554** — Portrait de Martin Luther (B. 5).
Belle épreuve.

**555** — Saint Christophe. Clair-obscur de deux planches (B. 58).
Superbe épreuve.

**556** — Une Chasse au cerf (B. 119).
Très-belle épreuve.

**557** — Un Tournoi. 1506 (B. 124).
Très-belle épreuve.

**558** — Tournoi. 1509 (B. 125).
Superbe épreuve.

**559** — Autre Tournoi. 1509 (B. 126).
Très-belle épreuve.

**560** — Portrait de Charles V, en pied (B. 128).
Superbe épreuve.

**561** — Portrait de l'empereur Ferdinand Ier, en pied (B. 129).
Superbe épreuve.

**DALEN** (Corneille van)

**562** — Pierre Arétin. — Jean Boccace. — Georges Barbarelli, dit le Giorgion. — Sébastien del Piombo. Ces quatre magnifiques portraits sont gravés d'après le Titien.
Epreuves de la plus grande beauté et de la même égalité de tirage.

563 — Henri duc de Glocester, comte de Cambridge, d'après S. Luttichuys.

Très-belle épreuve

564 — Portraits de l'amiral Tromp et du vice-amiral de Witt, vus jusqu'aux genoux, sur la même planche.

Très-belle épreuve. Rare.

### DANCKERTS (Corn.)

565 — Corneliz de Witt, vice-amiral de Hollande, dans un médaillon ; en dessous une seconde planche représentant la flotte d'Amsterdam.

Belle épreuve.

### DARET (P.)

566 — Saint Pierre délivré de sa prison, d'après le Dominiquin.

Belle épreuve avant la lettre.

### DATI (Attribué à)

567 — Conversion de Saint Paul (Duchesne, Essai sur les Nielles, page 188).

Pièce cintrée et destinée pour une paix ; mais n'étant point terminée, elle n'a point été niellée. Très-belle épreuve fort rare.

### DAULLÉ (Jean)

568 — La Peyronnie (François de), premier médecin de Louis XV, d'après Rigaud.

Superbe épreuve du 1er état, avant toutes lettres ; elle est sans marge

569 — Le même Portrait.

Belle épreuve avec la lettre.

570 — Marie-Josèphe de Saxe, reine de Pologne, en pied, d'après L. de Silvestre.

Superbe épreuve.

571 — Maupertuis (Louis Moreau de), célèbre voyageur, d'après Tournière.

Superbe épreuve avant la lettre.

572 — Catherine Mignard, comtesse de Feuquière, d'après P. Mignard.

Belle épreuve.

573 —. Marguerite de Valois, comtesse de Caylus, d'après Rigaud.

Très-belle épreuve.

574 — Hyacinthe Rigaud, peignant le portrait de sa femme, d'après lui-même.

Belle épreuve.

575 — Polignac (Melchior, cardinal de), d'après Rigaud.

Très-belle épreuve.

576 — Portraits des enfants de Rubens, en pied, d'après Rubens.

Belle épreuve.

577 — Saint Simon (Claude de), évêque de Metz, d'après Rigaud.

Superbe épreuve.

## DELAUNE (ÉTIENNE)

578 — Les douze Mois de l'année. Suite de douze estampes de forme ovale (O. D., 185 à 196).

Très-belles épreuves.

579 —. Combat de cavaliers romains (293).

Belle épreuve.

580 — Six sujets mythologiques de forme ronde.

Très-belles épreuves.

## DESNOYERS (LOUIS-AUGUSTE-BOUCHER, baron)

581 — La Vierge à la Chaise, d'après Raphaël.

Très-belle épreuve avant la lettre; lettres tracées. Elle a toute sa marge.

582 — Sainte Catherine d'Alexandrie, d'après Raphaël.

Très-belle épreuve avant la lettre; lettres tracées. Elle est en feuille.

583 — Buste de la Madeleine, d'après le Corrège.

Épreuve avant la lettre; lettres tracées. Elle est en feuille.

4

584 — Phèdre et Hippolyte, d'après Gérard.
Très-belle épreuve avant la lettre; le titre tracé. Elle est en feuille

585 — Bélisaire aveugle, d'après Gérard.
Très-belle épreuve avant toutes lettres; seulement les noms d'auteurs.
Rare.

### DESPLACES (L.)

586 — Mademoiselle Duclos, d'après Largillière.
Très-belle épreuve.

### DE SON (N.)

587 — Le somptueux Frontispice de l'église Notre-Dame de
Rheims.
Belle épreuve.

### DIÉPENBEKE (A. VAN)

588 — L'Anier.
Superbe épreuve; elle a une petite marge. Rare.

### DOES (A. VAN DER)

589 — Portrait de Ferdinand d'Autriche, général des Pays-
Bas, d'après Diepenbecke.
Belle épreuve.

### DOLENDO (ZACHARIE)

590 — Le grand Crucifiement, d'après J. de Gheyn (Pass.,
IIIe vol., p. 125).
Superbe épreuve.

591 — Saint Jean prêchant.
Bonne épreuve.

### DOLENDO (B.) 1600.

592 — Pyrame et Thisbé, pièce gravée dans le goût de
Lucas de Leyde.
Très-belle épreuve.

593 — La Paysanne qui avait fait insulte au poète Virgile,
punie de son indiscrétion.
Belle épreuve.

**DOSSIER** (M.)

594 — Portrait de M<sup>me</sup> de La Ravoye dans le rôle de Pomone, d'après Rigaud.
Très-belle épreuve.

**DREVET** (Claude)

595 — Oswal l (Henri) , cardinal d'Auvergne, d'après Rigaud (Ch. L. B. 13).
Très-belle épreuve.

596 — Sinzendorf (Philippe-Louis, comte de), d'après
Rigaud (14).
Très-belle épreuve.

597 — Vintimille, (Charles-Gaspard-Guillaume de), archevêque de Paris, d'après Rigaud (16).
Très-belle épreuve du 1er état, avant les tailles faites à la bordure
gauche, près du milieu des cordons à glands.

**DREVET** (Pierre)

598 — Beauveau (René de), archevêque de Narbonne,
d'après Rigaud (18).
Très-belle épreuve.

599 — Bertin (Pierre-Vincent) , trésorier général de la
Chancellerie, d'après H. Rigaud (20).
Très-belle épreuve.

600 — Boileau Despréaux (Nicolas), d'après Rigaud (26).
Très-belle épreuve.

601 — Bourgogne (Charles , duc de), en cuirasse, d'après
Rigaud (31).
Superbe épreuve.

602 — Desjardins (Marie Caderne, femme de), d'après
Rigaud (48).
Très-belle épreuve.

603 — Philippe V, roi d'Espagne, d'après Rigaud (51).
Superbe épreuve du 1er état.

604 — Fleury (André-Hercule de), cardinal, d'après Rigaud (56).

Très-belle épreuve.

605 — Forest (Jean), peintre, d'après Largillière (57).

Très-belle épreuve.

606 — Fourcy (Balthasar-Henry de), abbé de Saint-Mandrille, d'après Rigaud (58).

Très-belle épreuve du 1er état, avant la suppréssion des mots latins sur la tablotte de la console.

607 — Louis XIV, roi de France, en pied, d'après Rigaud (60).

Superbe épreuve.

608 — Louis XIV, roi de France, d'après Rigaud (61).

Très-belle épreuve avec l'adresse de Drevet.

609 — Louis Dauphin de France, d'après Rigaud (62).

Très-belle épreuve.

610 — Gillet (Pierre), procureur, d'après Rigaud (64).

Très-belle épreuve.

611 — Issaly (Jean), d'après Largillière (70).

Très-belle épreuve.

612 — Keller (Jean-Baltazar), d'après Rigaud (72).

Très-belle épreuve.

613 — Lambert (Marie de Laubespine, femme de), d'après Largillière (75).

Belle épreuve.

614 — Larget (M. Léonardus de), d'après A. Rigaud (76).

Belle épreuve.

615 — Mitantier (J. M.), d'après Largillière (88).

Belle épreuve.

616 — Lambert (Hélène), femme de François-Marie de Motteville, d'après Largillière (90).

Très-belle épreuve.

617 — Noailles (Louis-Antoine de), cardinal et archevêque de Paris, d'après Rigaud (93).
Très-belle épreuve.

618 — Polinier (Jean), abbé de Sainte-Geneviève, d'après Delescrinier (98).
Très-belle épreuve.

619 — Rigaud (Hyacinthe), d'après lui-même (102).
Très-belle épreuve avant la lettre.

620 — Serre (Maria), mère d'Hyacinthe Rigaud (104).
Très-belle épreuve.

621 — Toulouse (Louis-Alexandre de Bourbon, comte de), tenant un bâton de commandement, d'après Rigaud (110).
Très-belle épreuve.

622 — Le même personnage, en cuirasse, le bras étendu et la main nue, d'après Rigaud (111).
Très-belle épreuve.

623 — Villars (Louis-Hector, duc de), maréchal de France, d'après Rigaud (115).
Superbe épreuve.

### DREVET (Pierre-Imbert)

624 — Bernard (Samuel), d'après Rigaud (18).
Très-belle épreuve du 1er état, avant les mots : *Conseiller d'État*.

625 — Bossuet (Jacques-Bénigne), évêque de Meaux, en pied, d'après Rigaud (19).
Très-belle épreuve avant les points.

626 Cisternay du Foy (Jérôme de), capitaine aux gardes-françaises, d'après Rigaud (21).
Très-belle épreuve.

627 — Cotte (Robert de), architecte, d'après Rigaud (23).
Très-belle épreuve.

628 — Couvay (Pierre Nolasque), d'après Tournière (24).
Très-belle épreuve.

629 — Dodun (Charles-Gaspard), chancelier, d'après Rigaud (25).
Très-belle épreuve.

630 — Dubois (Guillaume) cardinal-archevêque, d'après Rigaud (C. B. 26).
Très-belle épreuve.

631 — Louis XV, roi de France, dans sa jeunesse, et vêtu du manteau royal, d'après Rigaud (27).
Très-belle épreuve.

632 — Louis XV, assis sur le trône, d'après Rigaud (28).
Très-belle épreuve.

633 — Orléans (Élisabeth-Charlotte, l'alatine du Rhin, duchesse d'), en buste dans un ovale entouré d'ornements, d'après Rigaud. Charmant petit portrait in-8° (37).
Superbe épreuve.

634 — Orléans (Louise-Adélaïde d'), abbesse de Chelles, d'après Gobert, in-4° (39).
Très-belle épreuve.

635 — Rohan (Armand-Gaston de), cardinal, d'après Rigaud (41).
Très-belle épreuve du 1er état avant le collier de la croix du Saint-Esprit.

636 — Tressan (monseigneur de), archevêque de Rouen, à genoux aux pieds de la Vierge, d'après Vanloo. Pièce pour le titre d'un bréviaire et connue sous le nom du *Petit Bréviaire* (45).
Superbe épreuve.

### DUCQ (Jean le)

637 — Différents Chiens. Suite de huit estampes (B. 1-8).
Très-belles épreuves. Extrêmement rares.

### DUJARDIN (Karel)

638 — Le Troupeau et les deux Chèvres (B. 33).
Superbe épreuve avant le numéro.

639 — Les Vaches, le Taureau et le Veau (B. 34).
Superbe épreuve avant le numéro.

## DUPONT (M. Henriquel)

640 — Moïse sauvé des eaux, d'après P. Delaroche.
Très-belle épreuve d'artiste avant toutes lettres, sur chine.

641 — Le Christ descendu de la croix, d'après P. Delaroche.
Très-belle épreuve d'artiste sur chine, avec les noms à la pointe.

642 — Portrait de Pierre le Grand d'après P. Delaroche.
Superbe épreuve d'artiste sur papier de Chine. Très-rare avec le cachet du prince Demidoff.

## DURER (Albert)

643 — Son portrait gravé en clair-obscur, d'après Melchior Lorch.
Très-belle épreuve.

644 — Adam et Ève (B. 1).
Magnifique épreuve tirée sur papier à la tête de bœuf.

645 — La Nativité (R. 2).
Très-belle épreuve.

646 — La Passion de Jésus-Christ (B. 3-18). Suite de seize estampes.
Superbes épreuves d'une même égalité de tirage.

647 — Jésus-Christ en prière au Jardin des Oliviers (B. 19).
Très-belle épreuve tirée avant que la planche ait été endommagée par des taches de rouille.

648 — L'Homme de douleurs aux bras étendus (B. 20).
Très-belle épreuve.

649 — L'Homme de douleurs aux mains liées (B. 21).
Belle épreuve.

650 — L'Homme de douleurs assis (B. 22).
Belle épreuve.

651 — Crucifix, dit le Pommeau d'épée de Maximilien. Petite planche ronde (B. 23).
Très-belle épreuve

652 — Jésus-Christ expirant sur la croix (B. 24).
Très-belle épreuve.

653 — La face de Jésus-Christ (B. 25).
Superbe épreuve.

654 — La face de Jésus-Christ (B. 26).
Très-belle épreuve.

655 — L'Enfant prodigue (B. 28).
Très-belle épreuve.

656 — Sainte Anne et la jeune Vierge (B. 29).
Très-belle épreuve.

657 — La Vierge aux cheveux longs, liés avec une bandelette (B. 30).
Très-belle épreuve. Morceau rare.

658 — La Vierge à la couronne d'étoiles (B. 31).
Superbe épreuve.

659 — La Vierge à la couronne d'étoiles et au sceptre
(B. 32).
Très-belle épreuve.

660 — La Vierge aux cheveux courts liés avec une bandelette (B. 33).
Très-belle épreuve.

661 — La Vierge allaitant l'Enfant Jésus (B. 34).
Magnifique épreuve. Extrêmement rare à rencontrer de cette qualité.

662 — La Vierge assise, embrassant l'Enfant Jésus (B. 35).
Superbe épreuve.

663 — La Vierge donnant le sein à l'Enfant Jésus (B. 36).
Très-belle épreuve.

664 — La Vierge couronnée par un ange (B. 37).
Très-belle épreuve.

665 — La Vierge avec l'Enfant Jésus emmailloté (B. 38).
Très-belle épreuve.

666 — La Vierge couronnée par deux anges (B. 39).
Superbe épreuve.

667 — La Vierge assise au pied d'une muraille (B. 40).
Superbe épreuve.

668 — La Vierge à la poire (B. 41).
Superbe épreuve.

669 — La Vierge au singe (B. 42).
Très-belle épreuve.

670 — La Sainte Famille (B. 43).
Très-belle épreuve. Extrêmement rare de cette qualité.

671 — La Sainte Famille au papillon (B. 44).
Superbe épreuve.

672 — Les cinq Disciples de Jésus-Christ. Suite de cinq
estampes (B. 46 à 50).
Très-belles épreuves.

673 — Saint Christophe à la tête retournée (B. 51).
Très-belle épreuve.

674 — Saint Christophe (B. 52).
Très-belle épreuve.

675 — Saint George à pied (B. 53).
Superbe épreuve.

676 — Saint George à cheval (B. 54).
Très-belle épreuve.

677 — Saint Sébastien attaché à un arbre (B. 55).
Très-belle épreuve.

678 — Saint Sébastien attaché à une colonne (B. 56).
Très-belle épreuve du 1er état, avec la bouche du saint très-petite et tirée
vers sa joue gauche. Rare.

679 — La même Estampe.
Très-belle épreuve du 2e état.

680 — Saint Eustache ou saint Hubert (B. 57).
Superbe épreuve.

681 — Saint Antoine (B. 58).
Très-belle épreuve.

682 — Saint Jérôme. Planche gravée à l'eau-forte sur fer
(B. 59).
Belle épreuve.

683 — Saint Jérôme dans sa cellule (B. 60).
Très-belle épreuve.

684 — Saint Jérôme en pénitence (B. 61).
Superbe épreuve.

685 — Sainte Geneviève (B. 63).
Très-belle épreuve.

686 — Les Trois Génies (B. 66).
Belle épreuve.

687 — La Sorcière (B. 67).
Très-belle épreuve.

688 — Apollon et Diane (B. 68).
Superbe épreuve.

689 — La Famille du Satyre (B. 69).
Magnifique épreuve.

690 — Cinq Études de figures (B. 70).
Très-belle épreuve.

691 — L'Enlèvement d'Amymone (B. 71).
Belle épreuve.

692 — Le Ravissement d'une jeune femme (B. 72).
Superbe épreuve tirée avant les taches de rouille.

693 — L'Effet de la Jalousie (B. 73).
Superbe épreuve.

694 — La Mélancolie (B. 74).
Magnifique épreuve.

695 — Le Groupe des quatre femmes nues (B. 75).
Superbe épreuve.

696 — L'Oisiveté (B. 76).
Très-belle épreuve.

697 — La Grande Fortune (B. 77).
Très-belle épreuve.

698 — La Petite Fortune (B. 78).
Superbe épreuve. Très-rare de cette qualité.

699 — La Justice (B. 79).
Très-belle épreuve.

700 — Le Petit Courrier (B. 80).
Superbe épreuve.

701 — La Dame à cheval (B. 82).
Très-belle épreuve, rare de cette qualité.

702 — Le Paysan et sa Femme (B. 83).
Très-belle épreuve.

703 — L'Hôtesse et la Cuisinière (B. 84).
Très-belle épreuve.

704 — L'Oriental et sa Femme (B. 85).
Superbe épreuve.

705 — Les trois Paysans (B. 86).
Très-belle épreuve.

706 — L'Enseigne (B. 87).
Superbe épreuve.

707 — L'Assemblée des gens de guerre (B. 88).
Superbe épreuve.

708 — Le Paysan du marché (B. 89).
Très-belle épreuve.

709 — Le Branle (B. 90).
Très-belle épreuve. Rare à trouver belle.

710 — Le Joueur de cornemuse (B. 91).
Très-belle épreuve. Rare à trouver belle.

711 — Le Violent (B. 92).
Superbe épreuve.

712 — Les Offres d'amour (B. 93).
Superbe épreuve.

713 — Le Seigneur et la Dame (B. 94).
Très-belle épreuve.

714 — Le Pourceau monstrueux (B. 95).
Superbe épreuve.

715 — Le petit Cheval (B. 96).
Très-belle épreuve.

716 — Le grand Cheval (B. 97).
Très-belle épreuve.

717 — Le Cheval de la Mort (B. 98).
Très-belle épreuve.

718 — Le Canon (B. 99).
Belle épreuve.

719 — Les Armoiries au coq (B. 100).
Très-belle épreuve.

720 — La même Estampe.
Très-belle épreuve.

721 — Les Armoiries à la tête de mort (B. 101).
Épreuve de la plus grande beauté.

722 — Albert de Mayence, vu de profil (B. 103).
Belle épreuve.

723 — Frédéric, électeur de Saxe (B. 104).
Très-belle épreuve.

724 — La même Estampe.
Épreuve tirée sur soie.

725 — Philippe Mélanchton (B. 105).
Superbe épreuve.

726 — Bilibald Pirkheimer (B. 106).
Belle épreuve.

727 — Erasme, de Rotterdam (B. 107).
Très-belle épreuve.

## PIÈCES GRAVÉES SUR BOIS

728 — Caïn tuant Abel (B. 1).
Superbe épreuve. Très-rare.

729 — Samson tuant le Lion (B. 2).
Superbe épreuve tirée sur le papier A gothique.

730 — Les trois Rois apportant des présents à l'Enfant
Jésus nouvellement né (B. 3).
Très-belle épreuve.

731 — La Passion de Jésus-Christ. Suite de douze estampes.
(B. 4-15).
Superbes épreuves. Les n°° 9 à 15 sont avant le texte latin. Le titre à
grande marge.

732 La Passion de Jésus-Christ. Suite de trente-sept pièces
(B. 16-52). Le titre est une copie.
Superbes épreuves.

733 — Jésus-Christ célébrant la Cène (B 53).
Très-belle épreuve.

734 — La même Estampe.
Copie A.

735 — Jésus-Christ en prière au Jardin des Oliviers
(B. 54).
Superbe épreuve. Très-rare.

736 — Jésus-Christ à la Croix (B. 56).
Belle épreuve. Rare.

737 — Le Christ en croix (B. 58).
Superbe épreuve avant l'oraison.

738 — Le Calvaire (B. 59).
Superbe épreuve.

739 — L'Apocalypse de saint Jean. Suite de quinze
estampes (B. 60-75).
Belles épreuves de la seconde édition, avec le texte latin.

740 — La Vie de la Vierge. Suite de vingt estampes
(B. 76-95).
Superbes épreuves de la première édition avant le texte. Très-rare à
rencontrer de cette qualité.

741 — La Sainte Famille (B. 96).
Superbe épreuve

742 — La Sainte Famille. Composition de plusieurs figures (B. 97).
Superbe épreuve.

743 — La Vierge assise donnant le sein à l'Enfant Jésus (B. 99).
Superbe épreuve.

744 — La Vierge assise dans une chambre (B. 100).
Superbe épreuve.

745 — La Vierge assise et tenant une pomme de la main droite (B. 101).
Très-belle épreuve du 1er état, sur papier à la tête de bœuf.

746 — La Sainte Famille, dite aux Lapins (B. 102).
Très-belle épreuve.

747 — Saint Christophe (B. 103).
Très-belle épreuve.

748 — Saint Christophe (B. 105).
Épreuve d'un tirage postérieur.

749 — Saint Coloman (B. 106).
Épreuve d'un tirage postérieur.

750 — Saint Elie (B. 107).
Superbe épreuve.

751 — Saints : Étienne, Laurent et Grégoire (B. 108).
Superbe épreuve.

752 — Saint Étienne au milieu de deux saints Évêques (B. 109).
Belle épreuve.

753 — Saint François recevant les stigmates (B. 110).
Superbe épreuve.

754 — Saint Georges tuant le Dragon (B. 111).
Superbe épreuve.

755 — Saint Jean l'Évangéliste et saint Jérôme (B. 112).
Très-belle épreuve.

756 — Saint Jérôme dans une grotte (B. 113).
Très-belle épreuve.

757 — Saint Jérôme dans sa cellule (B. 114).
Très-belle épreuve.

758 — Huit saints Patrons d'Autriche (B. 116)
Superbe épreuve.

759 — Le Supplice des dix mille Martyrs (B. 117).
Superbe épreuve.

760 — Trois Évêques debout (B. 118).
Très-belle épreuve.

761 — Un Saint qui se mortifie (B. 119).
Belle épreuve. Rare.

762 — Le Martyre de sainte Catherine (B. 120).
Superbe épreuve.

763 — Sainte Madeleine transportée au ciel (B. 121).
Superbe épreuve.

764 — La Sainte Trinité (B. 122). Pièce capitale.
Très-belle épreuve.

765 — Jésus-Christ apparaissant à saint Grégoire (B. 123).

766 — Le Jugement universel (B. 124).
Belle épreuve.

767 — La Décollation de saint Jean-Baptiste (B. 125).
Superbe épreuve.

768 — Hérodiade recevant la tête de saint Jean (B. 126).
Épreuve d'une rare beauté.

769 — Un Homme nu assommant un Homme armé (B. 127).
Très-belle épreuve.

770 — Un Bain où l'on voit six Hommes (B. 128).
Belle épreuve.

771 — Grande Pièce en trois planches, connue sous le nom de la Colonne (B. 129). Il manque le morceau du milieu.
Épreuve d'une édition postérieure.

772 — Un Homme à cheval allant au galop (B. 131).
Superbe épreuve.

773 — Le Rhinocéros (B. 136).
Très-belle épreuve tirée en clair obscur, très-rare.

774 — Le Siége d'une ville (B. 137).
Belle épreuve.

775 — Le Char triomphal de l'Empereur Maximilien. Grande pièce de huit morceaux en largeur (B. 139).
Très-belles épreuves de la seconde édition, 1523, avec le texte latin Rare.

776 — Six ronds qui offrent des dessins de broderie en blanc sur un fond noir. Suite de six estampes (B. 140-145).
Superbes épreuves de la première édition avant les monogrammes. Très-rare.

777 — Portrait de l'Empereur Maximilien (B. 153).
Superbe épreuve.

778 — Portrait de l'Empereur Maximilien (B. 154).
Belle épreuve.

779 — Portrait de Ulric Varnbuler (B. 155).
Belle épreuve de la première édition.

780 — Portrait de A. Durer (B. 156).
Superbe épreuve avec le monogramme.

781 — Armoiries de la famille de Kresen de Kresenstein (B. 161).
Belle épreuve.

782 — Armoiries de la ville de Nuremberg (B. 162).
Très-belle épreuve.

783 — Armoiries de Hector Pomer (B. 163).
Très-belle épreuve.

784 — Armoiries de Scheurl et de Geuder (B. 164).
Très-rare épreuve tirée sans inscription.

785 — Armoiries de Jean Stab; les mêmes gravées une seconde fois. Armoiries de Laurent Staiber (B. 165, 166, 169). 3 p.
Épreuves de l'édition de Vienne, 1781.

786 — Armoiries de Laurent Staiber (B. 168).
Belle épreuve.

787 — Un Écu offrant un Homme sauvage (B. 170).
Belle épreuve.

788 — Le Couronnement d'épines (B. appendice 4).
Belle épreuve.

789 — La Vierge à genoux et les bras croisés (B. app. 7).
Belle épreuve.

790 — La Sainte Famille (B. app. 10).
Belle épreuve, copie.

791 — La Vierge sur un banc de gazon (B. app. 13).
Belle épreuve.

792 — La Conversion de saint Paul (B. app. 17).
Très-belle épreuve avec les vers. Rare.

793 — Saint Martin à cheval (B. app. 18).
Très-belle épreuve.

794 — Saint Sébald (B. app. 21).
Très-belle épreuve.

795 — Un saint Évêque debout (B. app. 23).
Belle épreuve.

796 — Sainte Barbe. — Sainte Catherine (B. app. 24 et 25).
Belles épreuves.

797 — Tête de Christ (B. app. 26).
Belle épreuve.

798 — Bordure servant de frontispice pour un livre (B. app. 30).
Très-belle épreuve.

799 — L'Empereur Maximilien entendant la grand'messe dans la chapelle de sa Cour (B. app. 31).
Belle épreuve. Très-rare.

800 — Deux Joûteurs (B. app. 36).
Très-belle épreuve. Rare.

801 — La Danse aux flambeaux (B, app. 38).
Belle épreuve.

802 — Armoiries de Bilibald Pirckheimer (B. app. 52).
Belle épreuve.

803 — Armoiries de la famille Pœmer (B. app. 53).
Belle épreuve.

804 — Armoiries de la famille Beham (B. app. 57).
Belle épreuve. Rare.

805 — Un Ecu parti à une rencontre de deux fleurs de lis
reposant sur une tête de mort (B. app. 58).
Belle épreuve.

806 — Titre de livre avec une colonne surmontée d'un satyre (voir Heller).
Belle épreuve.

807 — Armoiries de Scheuerl et Tucher (voir Heller).
Ancienne épreuve.

808 — Les mêmes Armoiries, tenues par une femme.
Ancienne épreuve.

809 — Combat de Tritons (voir Heller).
Épreuve postérieure.

810 — Christ en croix. Grande planche (voir Heller).
Épreuve postérieure.

811 — Albert Durer debout sous un riche portique, gravé
par L. Kilian.
Très-belle épreuve.

812 — Portrait de A. Durer, gravé par Preisler.
Très-belle épreuve.

## DURER (Attribué à Albert)

813 — Adam et Ève.
Ève donne une pomme à Adam de la main gauche,
et de la droite en prend une du serpent; ils sont de
chaque côté de l'arbre de vie qui est surmonté d'une
tête de mort.
Très-belle épreuve d'un camaïeu rare.

**DUVET** (Jean), surnommé le Maître a la Licorne

814 — Animaux de toutes espèces rassemblés autour d'une fontaine (B. 42).

Très-belle épreuve.

815 — Poison et contre-poison (B. 44). Cette estampe est attribuée pour le dessin à Léonard de Vinci, et pour la gravure à Cesare da Sesto (voir l'article de M. Galichon. Gazette des beaux-arts, t. 18, page 560).

Très-belle épreuve.

816 — Le Jugement de Salomon. Composition tirée du tableau de Raphaël représentant Elymas frappé de cécité. Estampe inconnue à Bartsch (Pass. 04). Cette estampe donnée par Passavant à J. Duvet, nous paraît plutôt être de l'École italienne.

Très-belle épreuve. Extrêmement rare.

## DYCK (Antoine van)

817 — Le Christ au roseau.

Superbe épreuve du 1er état, avant les mots : *Et fecit aqua forti*, après le nom de Van Dyck, et aussi avant le mot : *Regis*, après ceux de *cum priuilegio*.

818 — Le Titien et sa maîtresse.

Magnifique épreuve, avant les mots : *Titian inventor cum Privilegeio Regis*, et avant l'adresse de A. Bon-Enfant.

819 — La même estampe.

Belle épreuve avec l'adresse.

820 — Le même sujet, charmante copie en contre-partie, gravée par Ráulz.

Superbe épreuve.

821 — Breughel (Jean).

Ancienne épreuve.

822 — Breughel (Pierre).

Ancienne épreuve.

823 — Erasme (Didier,.

Ancienne épreuve.

824 — Franck (François).

Ancienne épreuve.

825 — Momper (Judocus de).
Très-belle épreuve.

826 — Noordt (Adam van).
Ancienne épreuve.

827 — Pontius ou Du Pont.
Ancienne épreuve.

828 — Snellinx (Jean).
Ancienne épreuve.

829 — Suttermans (Juste).
Ancienne épreuve.

830 — Vosterman (Lucas).
Ancienne épreuve.

831 — Vos (Paul de).
Très-belle épreuve avant les contretailles sur le manteau et la manche droite du personnage. Rare.

832 — Wael (Jean de).
Ancienne épreuve.

## PORTRAITS D'APRÈS VAN DYCK

### BOLSWERT (Schelte a.)

833 — Arembert (Albert, comte d').
Très-belle épreuve du 2e état.

834 — Lipse (Juste).
Très-belle épreuve du 2e état.

835 — Uranex (Sébastien).
Très-belle épreuve, avec la lettre.

### GALLE (Corneille.)

836 — Wolfart (Arius).
Belle épreuve.

### JODE (Pierre de), dit le Jeune

837 — Halmalius (Paul).
Très-belle épreuve du 1er état, avant le nom du graveur.

338 — Jordaens (Jacques).
Très-belle épreuve du 2e état.

## LOMMELIN (Adrien.)

**339** — Ferdinand d'Autriche, cardinal.
Très-belle épreuve avant la lettre.

## PONTIUS (Paul.)

**840** — Balen (Henri van).
Belle épreuve.

**841** — Breuck (Jacques de).
Très-belle épreuve du 2ᵉ état.

**842** — Columna (Don Alvar).
Très-belle épreuve du 1ᵉʳ état.

**843** — Gustave-Adolphe, roi de Suède.
Très-belle épreuve du 2ᵉ état.

**844** — Palamedes Palamedessen.
Très-belle épreuve du 2ᵉ état.

**845** — Steenwick (Henri).
Belle épreuve.

**846** — Vanlonius (Théodore).
Belle épreuve.

## VOSTERMAN (Lucas)

**847** — Cachiopin (Jacques de).
Très-belle épreuve du 1ᵉʳ état, avant le nom du graveur, avec le nom du personnage écrit *Cachiopin*.

## BLOTELING (A.)

**848** — Le Marquis de Mirabelle.
Très-belle épreuve.

## LE BLOND (C.)

**849** — Charles-Louis, comte Palatin du Rhin.
Superbe épreuve.

## NEEFS (Jacques)

**850** — Tassis (Antoine de).
Ancienne épreuve.

## VOERST (R. van)

**851** — Christian, duc de Brunswig.
Ancienne épreuve.

## VOSTERMAN

852 — Wolfrang (Guillaume), comte Palatin du Rhin.
Très-belle épreuve.

## EARLOM (Richard)

853 — Les Fleurs et les Fruits, d'après van Hüysum. Deux estampes faisant pendant.
Très-belles épreuves.

854 — Paysage ; au milieu se voit un moulin, d'après Hobbéma.
Très-belle épreuve avant la lettre.

855 — The Exhibition of the royal Academy of painting in the Year 1771, d'après Beaudouin.
Très-belle épreuve.

856 — Intérieur du Panthéon de Londres, d'après Beaudouin.
Ces deux estampes font pendant.

857 — L'Académie de Londres, d'après Zoffany.
Très-belle épreuve.

858 — Chasse au sanglier, d'après Rubens.
Très-belle épreuve avant la lettre.

## EDELINCK (Gérard)

859 — La Sainte Famille, d'après Raphaël (R. D. 4).
Très-belle épreuve avant les armes de l'abbé Colbert, qui ont été placées postérieurement au bas du milieu du sujet et qui ont été effacées dans les dernières épreuves.

860 — La Vierge et l'Enfant Jésus, d'après le Guide (R. D. 7).
Très-belle épreuve du 1ᵉʳ état.

861 — La Sainte Famille, dite le *Bénédicité*, d'après Ch. Lebrun (R. D. 8).
Superbe épreuve du 1ᵉʳ état, avant la lettre. Collection Dubois.

862 — Saint François Xavier, d'après H. Sourley (R. D. 30).
Très-belle épreuve du 2ᵉ état.

863 — La même Estampe.
Belle épreuve du 3ᵉ état.

864 — Brûlart de Sillery (Fabio), évêque de Soissons, membre de l'Académie française, d'après Rigaud (162).
Très-belle épreuve.

865 — Carcary (Pierre de), Garde de la Bibliothèque du Roi, d'après Tetelin (163).
Belle épreuve.

866 — Champagne (Philippe de), célèbre peintre (164).
Superbe épreuve du 1ᵉʳ état, avant le trait échappé.

867 — D'Aligre (Étienne), Chancelier de France, d'après Nanteuil (178).
Très-belle épreuve.

868 — Desjardins (Martin Vanden Bogaert, connu sous le nom de), d'après Rigaud (182).
Belle épreuve.

869 — Dilgerus (Nathanael), ministre de Dantzig (185).
Superbe épreuve.

870 — Fagon (Gui), premier médecin de Louis XIV, d'après Rigaud (200).
Très-belle épreuve d'un état non décrit entre le 1ᵉʳ et le 2ᵉ, avant la correction de la lettre v aux mots *Guido*, *Crecentius* et *sanctioribus*, mais avec l'adjonction de la lettre S au mot *crecentuts*.

872 — Fléchier (Esprit), évêque de Nismes, d'après Rigaud (205).
Très-belle épreuve.

871 — Gherardi (Evariste), comédien italien, d'après Vivien (214).
Superbe épreuve du 1ᵉʳ état. Rare.

873 — Huet (Pierre-Daniel), évêque d'Avranches (224).
Très-belle épreuve.

874 — Lafontaine (Jean de), fabuliste illustre (230).
Très-belle épreuve.

875 — Lamoignon (Madelaine de) (234).
Très-belle épreuve.

876 — Le Brun (Charles), premier peintre du roi (238).
Tres-belle épreuve.

877 — Léonard (Frédéric), premier imprimeur du roi,
d'après Rigaud (242).
Superbe épreuve du 1er état, avant la banderole et la devise au-dessus
de l'écusson d'armes. Très-rare.

878 — Louvois (François-Michel le Tellier, marquis de),
ministre d'État (R. D. 261).
Superbe épreuve du 1er état, non décrit, avant divers travaux, notamment sur la figure de Bellone, dont l'ombre portée du bras droit n'est pas établie sur la bordure du portrait. Très-rare en cet état.

879 — Mansard (Jules-Hardouin), surintendant des bâtiments du roi (267).
Très-belle épreuve du 2e état.

880 — Mouton (Charles), musicien de Louis XIV (R.
D. 281).
Superbe épreuve du 2e état.

881 — Nanteuil (Robert) (R. D. 282).
Très-belle épreuve du 2e état.

882 — Noailles (Anne-Jules, duc de), maréchal de France,
d'après Rigaud (284).
Très-belle épreuve du 1er état, avant que les vers qui sont sur la console aient été changés.

883 — Parent (Jean-Charles), chevalier romain, d'après
Tortebat (287).
Très-belle épreuve.

884 — Rigaud (Hyacinthe), célèbre peintre, d'après lui-même (304).
Très-belle épreuve.

### EDELINCK (N.)

885 — Marie de Rabutin-Chantal, marquise de Sévigné,
d'après Nanteuil.
Superbe épreuve avant le trait d'union entre les noms *Rabutin-Chantal*
Rare.

## ERTINGER (Fran.)

886 — Jean-Ferdinand de Beughem, évêque d'Anvers.
Très-belle épreuve.

## FAUCHERY (A.)

887 — La Joconde, d'après Léonard de Vinci.
Belle épreuve avant la lettre, sur papier de Chine.

## FELSING (J.)

888 — Sainte Geneviève dans le désert, d'après Stein-
bründ.
Superbe épreuve avant toutes lettres.

889 — La Vierge, l'Enfant Jésus, Sainte Anne et Saint Jean,
d'après Overbeck.
Très-belle épreuve avant toutes lettres.

## FICQUET (Étienne)

890 — Portrait de René Descartes, d'après F. Hals (Fau-
cheux 39).
Superbe épreuve avant les noms des artistes.

891 — Louis XV, roi de France (F. 91).
Très-belle épreuve d'un morceau. Rare.

## ÉCOLE DE FONTAINEBLEAU

### DAVEN (Léo)

892 — Le Sauveur délivrant les ancêtres des Limbes,
d'après le Primatice (B. 2).
Très-belle épreuve.

893 — Sainte Madelaine portée au ciel par des anges,
d'après le Primatice (B. 4).
Très-belle épreuve.

894 — Les Apôtres regardant le Sauveur et la Sainte Vierge
qui se trouvent dans une gloire d'Anges, d'après Jules
Romain. Grande estampe gravée en 4 planches. Manque
le morceau du côté gauche d'en haut (B. 6 à 9).
Très-belle épreuve.

895 — Alexandre domptant Bucéphale, d'après le Primatice (B. 12).
Très-belle épreuve.

896 — Camille arrivant dans le temps que les Romains se rachètent du pillage des Gaulois, d'après le Primatice (B. 13).
Très-belle épreuve.

897 — L'empereur Marc-Antoine offrant un sacrifice, dessiné par le Primatice d'après la colonne Antonine (B. 14).
Très-belle épreuve.

898 — Europe aidée par des femmes de sa suite à orner de fleurs le taureau, d'après le Primatice (B. 29).
Très-belle épreuve.

899 — Jupiter accompagné des autres divinités qui portent chacune une branche des arbres qui leur sont consacrés (B. 33).
Très-belle épreuve.

900 — Diane se reposant des fatigues de la chasse, d'après le Primatice (B. 39).
Très-belle épreuve.

901 — Jupiter changé en pluie d'or, visitant Danaë, d'après le Primatice. (B. 40).
Très-elle épreuve.

902 — Cadmus combattant le dragon qui a dévoré ses compagnons, d'après L. Penni (B. 42).
Très-belle épreuve.

903 — Adonis mourant entre les mains de quelques uns de ses chasseurs, d'après L. Penni (B. 47).
Très-belle épreuve.

904 — Diane et ses Nymphes poursuivant dans des barques un cerf qui traverse une rivière, d'après L. Penni (B. 49).
Très-belle épreuve.

905 — Des Amazones se défendant contre plusieurs guerriers, d'après un bas-relief antique (B. 51).
Très-belle épreuve.

906 — Mars et Vénus servis à table par l'Amour, les Grâces et des Nymphes, d'après L. Penni (B. 52).
Très-belle épreuve.

907 — Vulcain et les Cyclopes, d'après L. Penni (B. 59).
Très-belle épreuve.

908 — Un Sculpteur occupé de la statue de Vénus, d'après le Primatice (B 59).
Très-belle épreuve.

909 — Jeune Femme qui pleure, d'après J. Romain (B. 60).
Très-belle épreuve imprimée en rouge. Rare.

910 — Un Jeune Homme buvant de l'eau que lui présente une femme, d'après le Primatice (B. 61).
Très-belle épreuve.

911 — Des Hommes assemblés autour d'un chameau, d'après le Primatice (B. 63).
Très-belle épreuve.

912 — Plusieurs Hommes occupés à la pêche, d'après le Primatice (B. 65).
Très-belle épreuve.

## FANTUZZI (Antoine)

913 — Sainte Famille.
Belle épreuve.

914 — Hercule Laboureur, d'après le Primatice (B. 15).
Belle épreuve.

915 — Silène, porté sur les bras de deux Bacchants, d'après maître Roux (B. 17).
Très-belle épreuve.

916 — Les Muses assemblées au pied du Parnasse, d'après maître Roux (B. 18).
Très-belle épreuve.

917 — Un Empereur romain tenant de la main droite une grenade, d'après maître Roux (B. 24).
Très-belle épreuve.

918 — Un Grand nombre de Gens malades et estropiés environnant un autel, d'après maître Roux (B. 27).
Très-belle épreuve.

919 — Paysage montueux, dans un montant d'ornements, d'après le Primatice (B. 30).
Très-belle épreuve.

920 — Montant d'ornement offrant la vue d'une ville fortifiée de tours et de murs (B. 34).
Belle épreuve.

### BARBIERI (Dominique dei)

921 — Assemblée d'Hommes et de femmes, d'après le Primatice (B. 6).
Superbe épreuve.

### HEUY

922 — Groupe d'Enfants, d'après le Primatice (B. 1).
Très-belle épreuve de la seule pièce du graveur.

### ANONYMES DE L'ÉCOLE DE FONTAINEBLEAU

923 — Dieu le Père, assis sur un globe dans une gloire, d'après maître Roux (B. 1).
Très-belle épreuve.

924 — Adam et Ève, d'après L. Penni (B. 3).
Très-belle épreuve.

925 — La Nativité, d'après maître Roux B. 9).
Très-belle épreuve.

926 — L'Adoration des Mages, d'après L. Penni (B. 14).
Très-belle épreuve.

927 — L'Adoration des Mages, d'après L. Penni (B. 15).
Très-belle épreuve.

928 — Les Disciples déposant le corps de Jésus-Christ au pied de la croix, d'après L. Penni (B. 25).
Superbe épreuve.

929 — La Sainte Vierge assise au pied de la croix, considérant le corps mort de Jésus-Christ (B. 29).
Très-belle épreuve.

930 — Sainte Famille, d'après J. Romain (B. 32).
Très-belle épreuve.

931 — La Sainte Vierge s'enlevant au ciel, d'après Jules Romain (B. 36).
Très-belle épreuve.

932 — Romulus et Rémus occupés à bâtir les murs de la ville de Rome, d'après le Primatice (B. 40).
Très-belle épreuve.

933 — Cléopâtre se faisant piquer par des aspics, d'après L. Penni (B. 41).
Très-belle épreuve.

934 — Pâris enlevant Hélène, d'après L. Penni (B. 42).
Très-belle épreuve.

935 — Les Grecs se rendant maîtres du palais de Priam, d'après L. Penni (B. 44),
Très-belle épreuve.

936 — Les Troyens introduisant dans leur ville le cheval de bois, d'après L. Penni (B. 45).
Très-belle épreuve.

937. — Une Femme à genoux, retenant un guerrier qui veut tuer un jeune homme. Gravé par le présumé Despêches, d'après L. Penni (B. 46.).
Très-belle épreuve.

938 — Marc Curtius se dévouant à sa patrie en se précipitant dans un gouffre (B. 47).
Très-belle épreuve.

939 — Jupiter et Sémélé, d'après le Primatice (B. 54).
Très-belle épreuve.

940. — Vénus regardant Mars qui dort assis sur un lit, d'après le Primatice (B. 61).
Très-belle épreuve.

941 — Hercule combattant de dessus les vaisseaux des Argonautes (B. 65).
Très-belle épreuve.

942 — Plusieurs Amours dans un bois. Gravé dans le goût du présumé Despèches (B. 70).
Très-belle épreuve.

943 — Le Jugement de Pâris, d'après Lucas Penni (B. 72).
Bonne épreuve.

944 Un Jeune Homme buvant de l'eau que lui donne une femme, d'après le Primatice (B. 81).
Très-belle épreuve.

945 — Des Mariniers repoussant des hommes qui veulent entrer dans leurs barques (B. 94).
Très-belle épreuve.

946 — Sujet de Bataille. Gravé par le présumé Despèches, d'après L. Penni (B. 96).
Très-belle épreuve.

947 — Sujet de Bataille, d'après J. Romain (B. 98).
Très-belle épreuve.

948 — Montant d'ornements au milieu duquel est un paysage (B. 136).
Très-belle épreuve.

949 — Montant d'ornements offrant un paysage dans une bordure ornée de figures (B. 138).
Très-belle épreuve.

## BOS (Corn.)

950 — Les Muses. Compositions pour des angles de fenêtres et portes, peinte par le Primatice. Suite de douze estampes plus un frontispice.
Très-belles épreuves. Très-rares.

## ANONYME DE L'ÉCOLE DE FONTAINEBLEAU

951 — Figure allégorique. On lit à gauche : *J. Primaticio inven.*
Très-belle épreuve.

**FORSTER** (N.-François)

952 — Sainte Cécile, d'après Paul Delaroche.

Très-belle épreuve avant toutes lettres, sur papier de chine; elle est signée de l'auteur.

**FRANCIA** (J.)

953 — Bacchus accompagné de gens de sa suite (B. 7).

Très-belle épreuve. Rare.

**FRANÇOIS** (Alphonse)

954 — La Tentation du Christ par A. Scheffer.

Très-belle épreuve avant la lettre sur chine.

**FRANÇOIS** (A.)

955 — Marguerite à l'Église, d'après A. Scheffer.

Très-belle épreuve avant la lettre, sur papier de Chine.

956 — Marie-Antoinette au Tribunal révolutionnaire, d'après P. Delaroche.

Superbe épreuve avant la lettre sur chine.

**FRANÇOIS** (Jules)

957 — Napoléon à Fontainebleau, d'après Paul Delaroche.

Très-belle épreuve avant toutes lettres, sur papier de Chine.

**FRUYTIERS** (Ph.)

958 — Godefroy Wendelini, révérend docteur.

Belle épreuve.

**FYT** (J.)

959 — Les Chiens. Suite de huit estampes (B. 9-16).

Superbes épreuves du premier état avec le nom du maître gravé à la pointe sur le premier morceau.

**GAILLARD** (R.)

960 — Bertin (Henri Léonard), ministre secrétaire d'État, d'après Roslin.

Très-belle épreuve.

### GALLE (Corneille)

961 — Jésus-Christ tombant sous le poids de sa croix, d'après Van Dyck.
Très-belle épreuve.

962 — La Descente de croix, d'après Diepenboke.
Très-belle épreuve.

963 — Saint Ferdinand d'Espagne.
Très-belle épreuve.

964 — La Vierge et l'Enfant Jésus dans un parc.
Très-belle épreuve.

965 — Les Quatre Parties du Monde, représentées par des figures debout au milieu d'arabesques, d'après Marc Gérard.

### GANTREL (Étienne)

966 — Barentin (Charles Honoré), intendant du Roi à Dunkerque, d'après Rigaud.
Très-belle épreuve.

### GAUCHER (Ch.)

967 — Marie Leczinska, reine de France, d'après Nattier. Petit portrait en largeur, in-8°.
Belle épreuve.

### GELLÉE (Claude), dit le Lorrain

968 — La Danse au bord de l'eau (R. D. 6).
Très-belle épreuve.

969 — Feu d'artifice (R. D. 33).
Superbe épreuve. Rare.

970 — Feu d'artifice. (R D. 38).
Superbe épreuve. Rare.

### GHEYN (Jacques de)

971 — L'Annonciation de la Vierge, d'après Théod. Bernard.
Superbe épreuve.

972 — L'Enfant Prodigue entouré de femmes. Riche composition, d'après K. Van Mander.
Superbe épreuve.

973 — Diane au bain surprise par Actéon, d'après Th. Bernard.
Très-belle épreuve.

974 — Lion couché. Pièce de forme ovale.
Belle épreuve.

975 — Le Gouvernement d'un roi sage, d'après K. Van Mander.
Très-belle épreuve.

976 — Tycho Brahé, sous un portique entouré d'écussons d'armes.
Belle épreuve.

### GHISI (Georges)

977 — La Dispute du Saint-Sacrement, d'après Raphael (B. 23). Grande estampe gravée en deux planches.
Très-belle épreuve.

978 — L'École d'Athènes, d'après Raphael (B. 24).
Très-belle épreuve.

979 — Le Jugement de Pâris, d'après J. B. Bertano Mantuan (B. 60).
Superbe épreuve avec l'inscription.

980 — L'Appareil pour les noces de Psyché, d'après J. Romain. Grande estampe gravée en trois planches.
Très-belle épreuve.

### GLEDITSCH (Paul)

981 — La Vierge assise au milieu de deux saintes qui sont debout, d'après P. Pérugin.
Très-belle épreuve avant la lettre.

### GLOCKENTON (Albert)

982 — L'Entrée de Jésus-Christ à Jérusalem (B. 2).
Très-belle épreuve.

983 — La Cène (B. 3).
Très-belle épreuve.

984 — Jésus-Christ au mont des Oliviers (B. 4).
Très-belle épreuve.

985 — La Prise de Jésus-Christ (B. 5).
Très-belle épreuve.

986 — Jésus-Christ devant le grand-prêtre (B. 6).
Superbe épreuve.

987 — La Flagellation (B. 7).
Superbe épreuve.

988 — Le Couronnement d'épines (B. 8).
Superbe épreuve.

989 — Le Portement de croix (B. 9).
Superbe épreuve.

990 — Le Crucifiement (B. 10).
Très-belle épreuve.

991 — La Descente aux limbes (B. 12).
Superbe épreuve.

992 — La Résurrection (B. 13).
Superbe épreuve.

993 — Le Portement de croix, d'après Martin Schongauer
(B. 15).
Très-belle épreuve d'une estampe rare.

## GMELIN

994 — Sacrifice à Vénus, d'après Cl. Lorrain.
Superbe épreuve avant toutes lettres.

## GOLTZIUS (Henri)

995 — David, Salomon et les autres prophètes qui ont pré-
dit la venue de Jésus-Christ; rassemblés au bas d'une
espèce d'autel où est représenté le mystère de l'incar-
nation (B. 13).
Très-rare épreuve d'un état non décrit avant toutes lettres.

**996** — Les Chefs-d'œuvre de Henri Goltzius. Suite de six estampes (B. 15-20);

1° L'Annonciation, gravé dans la manière de Raphaël;
2° La Visitation, dans le goût du Parmesan;
3° Les Pasteurs adorant l'Enfant Jésus, dans la manière du Bassan;
4° La Circoncision, dans la manière d'Albert Durer;
5° L'Adoration des Mages, dans le goût de L. de Leyde;
6° La Sainte Famille, dans le goût du Baroche.
(Superbes épreuves du 1er état.)

**997** — La Sainte Vierge et saint Joseph montrant aux bergers, Jésus qui vient de naître (B. 21).
Très-belle épreuve.

**998** — Sainte Famille (B. 24).
Très-belle épreuve.

**999** — La Vierge à mi-corps. Petite pièce de forme ronde (B. 26).
Très-belle épreuve. Très-rare.

**1000** — Jésus-Christ crucifié entre les deux larrons. Morceau gravé au trait (B. 40).
Rare.

**1001** — La Vierge pleurant sur le corps mort de Jésus-Christ qui est étendu sur ses genoux, d'après A. Durer (B. 41).
Magnifique épreuve.

**1002** — La Nécessité, l'Avarice et la Prodigalité. Pièce emblématique (109).
Très-belle épreuve.

**1003** — Un Porte-enseigne tenant le drapeau de son régiment (B. 125).
Très-belle épreuve.

**1004** — Les Armoiries d'une famille noble. Petite planche ovale (B. 135).
Très-belle épreuve. Rare.

**1005** — Cornhert (Théodore), dans un ovale entouré de trophées (B. 464).
Très-belle épreuve.

1006 — Le même portrait...
Superbe épreuve tirée sans les trophées.

1007 — Jean de Dwenvoorden, amiral de Hollande (B. 167).
Superbe épreuve.

1008 — Françoise d'Egmont, à mi-corps (B. 168).
Très-belle épreuve.

1009 — Pierre Forestus, docteur en médecine (B. 169).
Collection du comte de Friès.
Superbe épreuve.

1010 — Le même portrait.
Très-belle épreuve.

1011 — Henri Goltzius en grandeur naturelle (B. 172).
Très-belle épreuve.

1012 — Henri IV coiffé d'un chapeau (B. 174). Joli petit
portrait dans un ovale.
Superbe épreuve.

1013 — Robert Dudley, comte de Leicester (B. 175). Petit
chef-d'œuvre gravé sur une planche d'argent.
Superbe épreuve. Très-rare

1014 — Guillaume de Nassau, prince d'Orange. — Charlotte
de Bourbon-Montpensier, sa femme (B. 178-179). Deux
portraits faisant pendant.
Très-belles épreuves.

1015 — Henri Rantzau, gouverneur pour le roi de Dane-
mark, des duchés de Schleswig, etc. (B. 182).
Très-belle épreuve.

1016 — Christophe Vander Spronck (B. 185).
Très-belle épreuve.

1017 — Jean Zurenus (B. 189).
Superbe épreuve du 1er état, avant l'écusson d'armes, au haut de la
droite.

1018 — Le même portrait.
Très-belle épreuve.

1020 — Le Fils de Théodoric Frisius, gravure connue sous
le nom du Chien de Goltzius (B. 190).
Superbe épreuve.

1021 — Petit portrait de femme en buste. *In lieden Gedul-
dich, etc.*, *1580* (B. 191).
Superbe épreuve.

1022 — Un homme en buste. *Vive moriturus, etc.* *1579*
(B. 196).
Très-belle épreuve; elle a une petite marge.

1023 — Un Homme en buste. *Fortune est telle* (B. 197).
Très-belle épreuve.

1024 — Un Homme à mi-corps, mesurant avec le compas
un globe terrestre *1583*, (B. 204).
Très-belle épreuve.

1025 — Autre portrait du même, *1595* (B. 205).
Très-belle épreuve.

1025 — Un homme en buste. *God vergacht*, *1582* (B. 206).
Très-belle épreuve; elle a une petite marge.

1026 — Un Homme en buste. *Bene agere, etc.*, *1583* (B. 207).
Très-belle épreuve.

1027 — Un Homme en buste. *Ut cito prima*, *1585* (B. 208).
Très-belle épreuve.

1028 — Un Homme à mi-corps (B. 209), avec une copie en
contre-partie. On lit dans la marge: *Justus Lipsius.*

1029 — Portrait de Catherine Decker (B. 210).
Très-belle épreuve.

1030 — Portraits de M. de la Faille et de sa femme; ils sont
vus à mi-corps dans un ovale (B. 212 et 213).
Très-belles épreuves.

1031 — Un Officier de guerre tenant sa hallebarde de la
main gauche (B. 215).
Très-belle épreuve.

1032 — La même estampe.
Copie en contre-partie par un anonyme, avec cette différence que
la tête représente d'autres traits

1033 — Autre Officier de guerre tenant une hallebarde
(B. 216).
Très-belle épreuve.

1034 — Autre Officier de guerre portant un drapeau (B.
217).
Très-belle épreuve.

1035 — Vénus et l'Amour, d'après A. Carrache. Petite pièce
de forme ronde (B. 257).
Superbe épreuve d'une charmante pièce très-rare.

1036 — Adam et Ève, d'après Bartholomé Spranger (271).
Belle épreuve.

1037 — Les Dieux célébrant dans l'Olympe les noces de
l'Amour et de Psyché, d'après B. Spranger (B. 277).
Très-belle épreuve.

1038 — L'Annonciation, d'après Martin de Vos (294).
Belle épreuve.

1039 — Portrait d'un Homme d'âge mûr de forme ovale
(Weigel 333).
Très-belle épreuve.

1040 — Portrait d'un général en pied portant la main sur
la garde de son épée. Morceau inconnu à Bartsch,
mais décrit dans le supplément de M. Weigel sous e
n° 357.
Superbe épreuve. Très-rare.

1041 — Portrait d'un général en pied tenant de la main
droite son bâton de commandement. Morceau inconnu
à Barstch, mais décrit dans le supplément de M. Weigel, sous le n° 358. Pendant du précédent.
Superbe épreuve. Très-rare.

1042 — Un Enfant assis sur une tête de mort, d'après Goltzius, par un graveur anonyme (B. 10).
Très-belle épreuve.

**GOUDT** (Henri de), comte palatin.

1043 — L'Ange accompagnant le jeune Tobie, qui porte un poisson, d'après A. Elsheimer.
Très-belle épreuve.

1044 — Le même sujet traité différemment et en plus grand.
Superbe épreuve.

1045 — La Fuite en Egypte.
Très-belle épreuve.

1046 — La Décollation de saint Jean. Petite pièce de forme ronde.
Très-belle épreuve. Rare.

1047 — Philémon et Baucis accordant l'hospitalité à Jupiter et à Mercure.
Superbe épreuve.

1048 — L'Aurore, joli paysage.
Très-belle épreuve.

1049 — Cérès cherchant sa fille, d'après A. Elsheimer.
Très-belle épreuve.

**GOYA** (Don Francesco)

1050 — Philippe III, roi d'Espagne, à cheval, d'après Vélasquez.
Très-belle épreuve.

1051 — Philippe IV, roi d'Espagne, à cheval, d'après Vélasquez.
Très-belle épreuve.

1052 — Don Gaspard de Gusman, comte d'Olivares, duc de Sanlucar, à cheval, d'après Vélasquez.
Très-belle épreuve.

**GOYEN** (Jean van)

1053 — Cinq paysages et vues de clochers de villages au bord de l'eau.
Très-belles épreuves.

### GRATELOUP (J.-B.)

1054 — Jacques Bénigne Bossuet, en pied, d'après H. Rigaud. Chef-d'œuvre du maître.
Très-belle épreuve.

### GRAAT (d'après)

1055 — Abimelech voyant de sa fenêtre Isaac caresser
Rébecca.
Très-belle épreuve.

### GREEN (J.)

1056 — La Descente de croix, d'après Rubens. Grande
estampe gravée en trois planches.
Très-belle épreuve.

1057 — Sir Thomas Wharton, en pied, d'après Van Dyck.
Très-belle épreuve.

### GUNST (P.)

1058 — Charles Ier, roi d'Angleterre. Henriette-Marie sa
femme. Deux portraits en pied, d'après Van Dyck.
Très-belles épreuves.

1059 — Eugène, prince de Savoie.
Très-belle épreuve.

### GREUZE (d'après)

1060 — Enfant coiffé d'un chapeau et assis; sur ses genoux
est appuyée la tête d'un chien. Gravé par Schultze.
Très-belle épreuve.

### HACKAERT (Jean)

1061 — Différents paysages. Suite de six estampes (B. 1-6).
Très-belles épreuves. Cette suite est rare à trouver complète.

### HAEFTEN (Nicolas van)

1062 — Les Chanteurs (B. 8).
Très-belle épreuve.

1063 — Les cinq Femmes à la fenêtre, dont l'une d'entre
elles fume (B. 24).
Très-belle épreuve.

### HAINZELMAN

1064 — Saint François en prière, d'après le Dominiquin.
Très-belle épreuve avant la lettre.

### HARLINGENIUS, dit LANGE PETER

1065 — Les quatre Ages de la vie. Grande pièce représentant des costumes du XVIᵉ siècle.
Très-belle épreuve.

### HECKE (J. van den)

1066 — Différents animaux, suite de douze estampes (B. 1-12).
Très-belles épreuves.

### HESS (Charles)

1067 — Rubens et sa première femme, en pied, d'après Rubens.
Très-belles épreuves.

×1068 — Le Charlatan, d'après G. Dow.
Très-belle épreuve avant la lettre.

### HIRSCHVOGEL (Augustin)

1069 — Dessin d'un poignard dans sa gaîne (B. 107).
Très-belle épreuve.

1069 bis. — Autre dessin de poignard dans sa gaîne (B. 108).
Très-belle épreuve. Ces deux estampes sont fort rares.

### HOLLAR (Wenceslas)

1070 — La Vierge et l'Enfant Jésus, d'après Titien.
Très-belle épreuve.

1071 — Six manchons, une guipure, un éventail, un domino, etc., sur une feuille.
Superbe épreuve.

1072 — Le Lièvre suspendu, d'après P. Boel.
Belle épreuve.

1073 — Dessin d'un Calice, d'après André Mantegna...
Superbe épreuve.

1074 — Vases d'orfèvrerie, gaines d'épées et de poignards,
d'après les dessins d'Holbein, 11 p.
Très-belles épreuves. Rares.

1075 — Vue du portail et d'une partie de la cathédrale
d'Anvers.
Superbe épreuve du 1er état, avec le premier titre *Prospectus turris ecclesiae Cathedralis, etc.*, qui plus tard a été changé par Gillix Hendrix, avec cette autre inscription : *Antverpien turris ecclesiae Cathedralis, etc.*

1076 — Deux vues de Dordrecht et de Maese, d'après
Peeters.
Belles épreuves.

1077 — Vues de la cité de Londres, avant et après le grand
incendie, en 1666. Deux plans tirés sur la même planche.
Belle épreuve.

1078 — Vue de Sainte-Marie Ouer's in Southwarke. 1647.
Très-belle épreuve.

1079 — Vue de Prague. 1649. Grande estampe en trois
planches.
Très-belle épreuve.

1080 — Vue de Strasbourg.
Très-belle épreuve.

1081 — La Cathédrale de Strasbourg.
Très-belle épreuve.

1082 — Venceslas Hollar en ovale.
Très-belle épreuve avant la lettre et avant l'altération dans les armes. Rare.

1083 — Le même portrait.
Très-belle épreuve avant la lettre, mais avec les armes changées.

1084 — Le même personnage, à mi-corps, tenant une
planche gravée.
Très-belle épreuve avec l'adresse de *I. Meyssens.*

1085 — Charles II, roi d'Angleterre, d'après Van Dyck.
Très-belle épreuve du 4e état, avec l'adresse du maître.

1086 — Edouard VI enfant, fils de Henri VIII, vu à mi-corps.
Très-belle épreuve. Rare.

1087 — John Evelyn, peintre anglais, d'après Van Dyck.
Très-belle épreuve.

1088 — Alathée Thalbot, femme du comte d'Arundel, d'après Van Dyck.
Belle épreuve.

### HONDIUS (GUILLAUME)

1089 — Portrait de Jacques Binck, d'après lui-même.
Très-belle épreuve.

1090 — Isabelle Claire-Eugénie, infante d'Espagne, d'après Van Dyck.
Très-belle épreuve.

### HOORE (F. VANDEN)

1091 — Jacob Cornelisz, d'après C. Vischer.
Très-belle épreuve.

### HOOGE (R. DE)

1092 — Jean Mercassel, évêque de Castoriensis, vicaire apostolique.
Très-belle épreuve.

1093 — Don Juan d'Autriche dans un cadre entouré de quatorze compartiments représentant les principaux faits de sa vie.
Superbe épreuve.

### HOUBRAKEN (J.)

1094 — Georges Abbot, archevêque de Canterbury.
Superbe épreuve avant la lettre.

1095 — Anne de Danemarck, femme de Jacques Ier, d'après Johnson.
Superbe épreuve avant la lettre.

1096 — Henri Bonnet, comte d'Arlington, d'après P. Lely.
Superbe épreuve avant la lettre.

1097 — Catherine Howard, femme de Henri VIII.
Superbe épreuve avant la lettre.

1098 — Catherine d'Aragon, femme de Henri VIII, d'après Holbein.
Superbe épreuve avant la lettre.

1099 — Chancer (Geoffry), chancelier d'Angleterre.
Superbe épreuve avant toutes lettres.

1100 — Anne de Clèves, femme de Henri VIII, d'après Holbein.
Très-belle épreuve.

1101 — Georges Digby, comte de Bristol, d'après Van Dyck.
Superbe épreuve avant la lettre.

1102 — Daniel Finch, comte de Nottingham, d'après Kneller.
Superbe épreuve avant toutes lettres.

1103 — Frédéric, duc de Schomberg, d'après Kneller.
Superbe épreuve avant la lettre.

1104 — Georges Hamilton, comte d'Orkney.
Superbe épreuve avant la lettre.

1105 — John Lambert, lieutenant général, d'après Kneller.
Superbe épreuve avant la lettre.

1106 — John Maitland, duc de Lauderdale, d'après P. Lely.
Superbe épreuve avant la lettre.

1107 — Bussel (Jean), comte de Strafford.
Superbe épreuve avant la lettre.

1108 — Thomas Smyth, secrétaire d'État, d'après Holbein.
Superbe épreuve avant la lettre.

1109 — Thomas, marquis de Warten, d'après Kneller.
Superbe épreuve avant la lettre.

1110 — Jean-Simon Hermann Oem, pasteur d'Amsterdam, d'après P. Koes.
Très-belle épreuve avant toutes lettres. Rare en cet état.

### HUGTENBOURH (Jean)

1111 — La Mère et les deux Enfants (B. 5).
Très-belle épreuve.

1112 — La Mort du Cavalier turc (B. 6).
Très-belle épreuve.

1113 — Repos à la Chasse (B. 7).
Très-belle épreuve.

### HURET

1114 — Le cardinal Mazarin, d'après Ph. de Champaigne.
Très-belle épreuve.

### JANOTA (J.-G.)

1115 — Portrait d'un jeune Homme, d'après Rembrandt.
Très-belle épreuve.

### JESI

1116 — La Vierge à la Vigne, d'après Paul Delaroche.
Superbe épreuve avant toutes lettres sur papier de Chine.

1117 — La même estampe.
Belle épreuve avant la lettre.

1118 — Léon X, d'après Raphaël.
Très-belle épreuve avant la lettre, sur papier de Chine.

### JODE (P. de)

1119 — Saint Augustin en extase, d'après Van Dyck.
Très-belle épreuve.

1120 — L'Adoration des Bergers, d'après J. Jordaens.
Très-belle épreuve.

1121 — Saint Martin, évêque de Tours, d'après Jordaens.
Très-belle épreuve.

1122 — La Folie montrant un moine qui tient un hibou,
d'après J. Jordaens.
Très-belle épreuve.

1123 — Jésus-Christ présenté au peuple, d'après Diepenbecke.
Très-belle épreuve.

1124 — Saint Sébastien soutenu par les saintes Femmes,
d'après P. Van Lint.
Très-belle épreuve.

1125 — Philippe IV, roi d'Espagne, à cheval sous un por-
tique, au haut duquel est le portrait de Charles
Quint, d'après Van Dyck.
Très-belle épreuve.

1126 — Les cinq Sens. Suite de cinq estampes...
Belles épreuves.

### JODE (Arnold de)

1127 — Antoine Pallavicini, cardinal, d'après Titien.
Belle épreuve.

### KITTENST

+ 1128 — Six Planches représentant deux costumes d'hommes
et femmes sur la même planche, xvi⁰ siècle, d'après
D. Hals.
Très-belles épreuves.

+ 1129 — Les Cinq Sens représentés par des hommes et
femmes en costumes du xvi⁰ siècle, d'après D. Hals.
Très-belles épreuves.

### KOOGEN (L. van der)

1130 — L'Homme de douleurs (B. 1).
Très-belle épreuve.

1131 — Études de Guerriers (B 6 et 7).
Très-belles épreuves.

### LANDRY (P.)

1132 — Choiseul du Plessy-Praslin (Gilbert de), évêque de
Cominges.
Très-belle épreuve.

### LAUTENSACK (Hans. Sebald)

1133 — Vue de la ville de Nuremberg, prise du côté de l'ouest en 1552. Grande pièce gravée en trois feuilles (B. 58).
Très-belle épreuve.

1134 — Vue de la même ville (B. 59).
Très-belle épreuve.

### LAUWERS (Nicolas)

1135 — Jupiter et Mercure chez Philémon et Baucis, d'après J. Jordaens.
Très-belle épreuve.

### LAUWERS (C.)

1136 — Le R. P. Antoine Vigier, de la Congrégation de la Doctrine chrétienne, d'après L. Cassiers.
Très-belle épreuve.

### LEBLOND (Jacques-Christophe)

1137 — Portrait de Van Dyck, d'après lui-même. Gravure en couleur.
Superbe épreuve très-rare

### LECOMTE (Narcisse)

1138 — Dante et Béatrix, d'après A. Scheffer,
Superbe épreuve d'artiste avant toutes lettres. Rare.

### LEFÈVRE (A.)

1139 — Antiope, d'après le Corrège.
Superbe épreuve avant toutes lettres sur papier de Chine, seulement les noms d'auteurs tracés à la pointe.

### LENFANT

1140 — Souvré (Jacques de), grand Prieur de France, d'après Mignard.
Très-belle épreuve.

## LÉONART (J.-F.),

GRAVEUR EN MANIÈRE NOIRE

1141 — Isabelle Van Assche, d'après Van Dyck (De la Borde, P. 130).

Très-belle épreuve.

## LÉPICIÉ

1142 — Louis de Boullogne, peintre, d'après Rigaud.

Belle épreuve.

## LEYDE (Lucas de)

1143 — Portrait de Lucas de Leyde, gravé par A. Stock.

Belle épreuve.

1144 — L'Histoire de la Création et de la Chute du premier Homme. Suite de six estampes (B. 1-6).

Très-belles épreuves de la même égalité de ton ; quatre portent au verso la signature de P. Mariette.

1145 — Le Péché d'Adam et Ève (B. 7).

Très-belle épreuve. Fort rare.

1146 — Le Péché d'Adam et Ève (B. 8)₂.

Très-belle épreuve.

1147 — Le Péché d'Adam et Ève (B. 9).

Très-belle épreuve.

1148 — Le Péché d'Adam et Ève (B. 10).

Très-belle épreuve.

1149 — Adam et Ève fugitifs, après avoir été chassés du Paradis terrestre (B. 11).

Superbe épreuve.

1150 — Caïn tuant Abel (B. 13).

Très-belle épreuve.

1151 — Lamech et Caïn (B. 14).

Superbe épreuve.

1152 — Abraham et les trois Anges (B. 15).

Très-belle épreuve ; elle est signée P. Mariette, 1667.

1153 — Loth enivré par ses deux Filles (B. 16).

Très-belle épreuve.

1154 — Abraham renvoyant Agar (B. 17). Pièce dite la grande Agar.

Très-beau dessin de l'époque, à la plume, légèrement lavé à l'encre de Chine, l'estampe la plus rare de Lucas de Leyde.

1155 — Abraham renvoyant Agar (B. 18).

Très-belle épreuve.

1156 — L'Histoire de Joseph. Suite de cinq estampes (B. 19-23).

Magnifiques épreuves. Suite rare à trouver complète.

1157 — La Fille de Jephté allant au-devant de son père (B. 24).

Très-belle épreuve.

1158 — Dalila coupant les cheveux de Samson (B. 25).

Superbe épreuve.

1159 — David victorieux de Goliath (B. 26).

Très-belle épreuve.

1160 — David jouant de la harpe devant Saül (B. 27).

Très-belle épreuve.

1161 — David en prière (B. 28).

Superbe épreuve.

1162 — David en prière (B. 29).

Très-belle épreuve.

1163 — Salomon adorant les idoles (B. 30).

Superbe épreuve.

1164 — Esther devant Assuérus (B. 31).

Magnifique épreuve. Rare de cette qualité.

1165 — Mardochée mené en triomphe (B. 32).

Superbe épreuve.

1166 — Les deux Vieillards apercevant Suzanne dans bain (B. 33).

Très-belle épreuve, signée P. Mariette, 1680.

1167 — Saint Joachim et sainte Anne (B. 34).

Très-belle épreuve.

1168 — L'Annonciation (B. 35).

Très-belle épreuve.

1169 — La Visitation (B. 36).
Très-belle épreuve.

1170 — L'Adoration des Mages (B. 37).
Superbe épreuve.

1171 — Repos en Égypte (B. 38).
Superbe épreuve.

1172 — Le Baptême de Jésus-Christ (B. 40).
Superbe épreuve ; elle est signée P. Mariette et elle porte la date de 1693.
Très-rare de cette beauté.

1173 — Jésus-Christ tenté par le Démon (B. 41).
Très-belle épreuve.

1174 — La Résurrection de Lazare (B. 42).
Superbe épreuve.

1175 — La Passion de Jésus-Christ. Suite de quatorze estampes (B. 43-56).
Très-belles épreuves. Très-rares de cette qualité.

1176 — La Passion de Jésus-Christ. Suite de neuf estampes
de forme ronde entourées de bordures (B. 57-65).
Très-belles épreuves. Extrêmement rares.

1177 — Jésus-Christ en prière à la montagne des Oliviers
(B. 66).
Ce morceau, qui est une répétition de celui décrit sous le n° 57, est
gravé à l'eau-forte.
Superbe épreuve avec une grande marge.

1178 — Couronnement d'épines (B. 68).
Très-belle épreuve.

1179 — Couronnement d'épines (B. 69).
Très-belle épreuve.

1180 — Jésus-Christ présenté au peuple (B. 70).
Très-belle épreuve.

1181 — Jésus-Christ présenté au peuple (B. 71).
Superbe épreuve portant la signature de P. Mariette, 1664.

1182 — Jésus-Christ portant sa croix (B. 72).
Très-belle épreuve.

1183 — Des Soldats faisant boire Jésus-Christ avant de le crucifier (B. 73).

Très-belle épreuve; signée au verso de P. Mariette et datée de 1693.

1184 — Le Calvaire (B. 74).

Superbe épreuve du 1ᵉʳ état, avec l'année 1517 écrite à rebours.

1185 — La Sainte Vierge et saint Jean au pied de la croix (B. 75).

Très-belle épreuve.

1186 — L'Homme de douleurs (B. 76).

Superbe épreuve.

1187 — Jésus-Christ apparaissant à Madeleine sous la figure d'un jardinier (B. 77).

Superbe épreuve; elle est signée de P. Mariette et datée 1693. Rare.

1188 — Le Retour de l'Enfant prodigue (B. 78).

Superbe épreuve portant la signature de Mariette et la date 1667.

1189 — La Vierge avec l'Enfant Jésus, accompagnés de sainte Anne (B. 79).

Très-belle épreuve.

1190 — La Vierge debout sur un croissant, dans une gloire (B. 80).

Très-belle épreuve d'une charmante pièce très-rare.

1191 — La Vierge debout sur un croissant dans une niche (B. 81).

Très-belle épreuve. Rare.

1192 — La Vierge debout sur un croissant dans une gloire (B. 82).

Magnifique épreuve. Très-rare de cette beauté.

1193 — La Vierge avec l'Enfant Jésus, assise au pied d'un arbre (B. 83).

Très-belle épreuve.

1194 — La Vierge avec l'Enfant Jésus, assise dans un paysage (B. 84).

Superbe épreuve; elle est signée P. Mariette et datée de 1685.

**1195** — La Sainte Famille (B. 85).
Superbe épreuve.

**1196** — Jésus-Christ et les Apôtres représentés debout.
Suite de quatorze estampes (B. 86-99).
Très-belles épreuves.

**1197** — Les quatre Évangélistes représentés à mi-corps.
Suite de quatre estampes (B. 100-103).
Très-belles épreuves; deux sont signées au verso par P. Mariette.

**1198** — Saint Luc (B. 104).
Admirable épreuve d'une pièce très-rare.

**1199** — Saint Pierre et saint Paul tenant le suaire (B. 105).
Très-belle épreuve; elle porte au verso la signature de P. Mariette et la
date de 1654.

**1200** — Saint Pierre et saint Paul (B. 106).
Superbe épreuve.

**1201** — La Conversion de Saint Paul (B. 107).
Superbe épreuve.

**1202** — Saint Christophe (B. 108).
Superbe épreuve.

**1203** — Saint Christophe (B. 109).
Très-belle épreuve. Rare.

**1204** — La même estampe.
Très-belle épreuve de la copie en contre-partie.

**1205** — Saint Jean Baptiste dans le désert (B. 110).
Superbe épreuve.

**1206** — La Décollation de saint Jean Baptiste (B. 111).
Superbe épreuve. Rare.

**1207** — Saint Jérôme (B. 112.
Très-belle épreuve; elle est signée au verso de P. Mariette et datée
de 1666.

**1208** — Saint Jérôme (B. 113).
Très-belle épreuve.

**1209** — Saint Jérôme (B. 114).
Superbe épreuve; elle est signée de P. Mariette et datée de 1593. Très-
rare.

1210 — Saint Sébastien (B. 115).
Superbe épreuve.

1211 — Saint Antoine l'Ermite (B. 116).
Très-belle épreuve.

1212 — Tentation de Saint Antoine (B. 117).
Superbe épreuve.

1213 — Saint Dominique (B. 118).
Très-belle épreuve.

1214 — Saint Gérard Sagrédius, évêque et martyr (B. 119).
Très-belle épreuve.

1215 — Saint François d'Assise (B. 120).
Superbe épreuve.

1216 — Saint George (B. 121).
Superbe épreuve.

1217 — Marie-Madeleine se livrant aux plaisirs du monde (B. 122).
Superbe épreuve. Extrêmement rare à rencontrer dans une aussi parfaite condition.

1218 — Sainte Madeleine dans le désert (B. 123).
Très-belle épreuve.

1219 — Sainte Madeleine debout sur des nuages (B. 124).
Très-belle épreuve.

1220 — Sainte Catherine (B. 125).
Très-belle épreuve.

1221 — Le moine Sergius tué par Mahomet (B. 126).
Superbe épreuve; elle est signée P. Mariette et datée de 1693. Rare de cette beauté.

1222 — Les sept Vertus. Suite de sept estampes (B. 127 à 133).
Très-belles épreuves.

1223 — Lucrèce (B. 134).
Très-belle épreuve

1224 — Pyrame et Thisbé (B. 135).
Très-belle épreuve.

1225 — Le poëte Virgile suspendu dans un panier (B. 136).
Superbe épreuve.

1226 — Mars et Vénus (B. 137).
Superbe épreuve.

1227 — Vénus et l'Amour (B. 138).
Superbe épreuve.

1228 — Pallas (B. 139).
Très-belle épreuve.

1229 — Un Enseigne (B. 140).
Très-belle épreuve.

1230 — Quatre Guerriers dans une forêt (B. 141).
Superbe épreuve.

1231 — Un jeune homme à la tête d'une troupe de gens armés (B. 142).
Superbe épreuve; elle a une petite marge.

1232 — Les Gueux (B. 143).
Très-belle épreuve.

1233 — La Promenade (B. 144).
Superbe épreuve.

1234 — Le Seigneur et la Dame (B. 145).
Très-belle épreuve.

1235 — La Dame au Bois (B. 146).
Superbe épreuve.

1236 — L'Homme à la Torche (B. 147).
Superbe épreuve.

1237 — Un Homme et une Femme assis dans une Campagne (B. 148).
Très-belle épreuve.

1238 — Les Pèlerins (B. 149).
Superbe épreuve.

1239 — Le Fou (B. 150).
Superbe épreuve.

1240 — La Vieille avec la Grappe de raisin (B. 151).
Très-belle épreuve.

1241 — Le Garçon avec la Trompe (B. 152).
Très-belle épreuve.

1242 — La Femme et la Biche (B. 153).
Très-belle épreuve.

1243 — La Femme et le Chien (B. 154).
Très-belle épreuve.

1244 — Les Musiciens (B. 155).
Superbe épreuve; plus une copie en contre-partie.

1245 — Le Chirurgien (A. 156).
Tré-belle épreuve; plus une copie en contre-partie.

1246 — L'Opérateur (B. 157).
Très-belle épreuve; plus une copie en contre-partie.

1247 — La Laitière (B. 158).
Très-belle épreuve.

1248 — L'Espiègle (B. 159).
Superbe épreuve de la première copie, sans les cailloux, que Bartsch indique comme extrêmement rare.

1249 — Tête de Guerrier (B. 160).
Très-belle épreuve.

1250 — Une Composition d'Ornements (B. 161).
Très-belle épreuve.

1251 — Une Composition d'Ornements (B. 162).
Superbe épreuve.

1252 — Panneau d'Ornements (B. 164).
Superbe épreuve.

1253 — Les Enfants guerriers (B. 165).
Superbe épreuve.

1254 — Un Écusson vide (B. 166).
Très-belle épreuve.

1255 — Un Écusson rempli par un Mascaron (B. 167).
Superbe épreuve.

1256 — Les Armes de la ville de Leyde au milieu de quatre
ronds (B. 168).
Très-belle épreuve.

1257 — Deux Rinceaux d'Ornements (B. 169).

Superbe épreuve; elle est signée au verso : P. Mariette, et datée de 1668. Rare.

1258 — Deux Ronds (B. 170).

Superbe épreuve; elle est signée au verso de P. Mariette et datée de 1693.

1259 — Deux Ronds (B. 171).

Très-belle épreuve. Rare.

1260 — Portrait de l'Empereur Maximilien I<sup>er</sup> (B. 172).

Superbe épreuve.

1261 — Portrait de Lucas de Leyde (B. 173).

Très-belle épreuve.

1262 — Portrait d'un jeune homme portant une tête de mort (B. 174).

Superbe épreuve.

1263 — La Famille surprise par la mort (B. Pièce douteuse).

Très-belle épreuve.

## GRAVURES EN BOIS.

1264 — Adam et Ève (B. 1).

Très-belle épreuve.

1265 — Abraham allant sacrifier son fils (B. 3).

Magnifique épreuve. Très-rare.

1266 — Un des fils de Jacob lui apportant la robe de Joseph teinte de sang (B. 4).

Très-belle épreuve.

1267 — Dalila coupant les cheveux à Samson (B. 5).

Très-belle épreuve.

1268 — La Reine de Saba devant le trône de Salomon (B. 10).

Très-belle épreuve.

1269 — Les douze Rois d'Israël, représentés à cheval. Suite de quatre estampes (B. 14).

Très-belles épreuves.

1270 — Les Héros qui se sont rendus les plus célèbres parmi les anciens Païens.

Grande estampe gravée en trois planches. Très-belle épreuve.

## LIVENS (Jean)

1271 — La Résurrection de Lazare (B. 3). Cl. 3.

Très-belle épreuve du 2ᵉ état.

1272 — Buste d'un Oriental (B. 13). Cl. 13.

Très-belle épreuve. Rare.

1273 — Buste d'Homme (B. 29). Cl. 29.

Très-belle épreuve.

1274 — Portrait d'Ephraïm Bonus (B. 56). Cl. 56.

Très-belle épreuve.

1275 — Portrait de Juste Vondel (B. 57). Cl. 56.

Très-belle épreuve avec l'adresse de *A. de Vees*, qui plus tard a été remplacée par celle de *Th. Natham*.

1276 — Portrait de Daniel Heinsius (B. 58). Cl. 57.

Superbe épreuve.

1277 — Portrait de Jacques Gouter (B. 59). Cl. 59.

Très-belle épreuve.

1278 — Portrait d'un Homme vu de face, couvert d'un riche manteau de fourrure. Les initiales du maître se trouvent vers la droite d'en bas de l'estampe.

Très-belle épreuve d'un beau portrait non décrit par Bartsch et Claussin Rare.

1279 — Buste de vieillard tourné vers la droite et regardant de face. Il 'est enveloppé d'un manteau, sa barbe lui recouvre presque la bouche, et ses cheveux lui tombent sur le front.

Très-belle épreuve d'un portrait non décrit par Bartsch et Claussin.

## LOGGAN (D.)

1280 — Allestry (Richard), professeur.

Belle épreuve.

1281 — Jean Wallis, géomètre professeur.

Superbe épreuve avant toutes lettres.

1282 — Le même portrait.
Très-belle épreuve avec la lettre.

### LOMBART (L.) de Liège.

1283 — Le Portement de croix, d'après Jérôme Bos.
Belle épreuve.

### LOMBART (Pierre)

1284 — Les dix Comtesses et les deux Comtes. Suite de douze portraits, d'après Van Dyck.
Très-belles épreuves.

1285 — Le prince Eugène de Savoie dans sa jeunesse, comme abbé, d'après De la Mare.
Superbe épreuve.

### LONGHI (Joseph)

1286 — La Vision d'Ézéchiel, d'après Raphaël.
Superbe épreuve dite d'artiste, les noms des auteurs gravés à la pointe.

1287 — Le Mariage de la Vierge, d'après Raphaël.
Superbe épreuve avant la lettre; les quatre vers dans la marge du bas de l'estampe tracés. Très-rare.

1288 — La même estampe.
Très-belle épreuve de souscription; elle porte le n° 201.

1289 — La Vierge au Voile, d'après Raphaël.
Épreuve avant toutes lettres.

1290 — La même estampe.
Très-belle épreuve avant la lettre de la planche terminée par Toschi.

1291 — La Sainte Famille, dite à la Bénédiction, d'après Raphaël.
Très-belle épreuve avant la lettre; le titre et les noms d'auteurs tracés. Elle a toute sa marge.

1292 — Napoléon au Mont Saint-Bernard, d'après David.
Superbe épreuve avant la lettre (lettres grises).

### LORCH (Melchior)

1293 — Portrait de Martin Luther, 1548 (B. 12).
Très-belle épreuve. Rare.

1294 — Le Déluge. Composition d'un grand nombre de figures. Gravée sur bois (B. 1).

Superbe épreuve.

## LOUIS (Aristide)

1295 — Mater Dolorosa, d'après Ribera.

Très-belle épreuve d'artiste avant toutes lettres, papier de Chine, signée de l'artiste.

1296 — La Vierge au Lys, d'après Léonard de Vinci.

Superbe épreuve de l'état de la planche à la mort du graveur.

1297 — Mignon aspirant au Ciel. — Mignon regrettant la Patrie. 2 p., d'après A. Scheffer.

Superbes épreuves d'artiste avant toutes lettres, papier de Chine, portant le n° 1.

1297 bis — L'Innocence, d'après Greuze.

Très-belle épreuve d'artiste avant toutes lettres, sur chine ; elle porte la signature d'A. Louis.

1298 — Napoléon, Empereur, d'après Paul Delaroche.

Très-belle épreuve avant la lettre, sur papier de Chine.

## LUTZ (Pierre)

1298 bis — La Vierge tenant l'enfant Jésus, entourée de quatre saints, d'après le tableau de Ramenghi-Bagnocavello, de la galerie de Dresde.

Superbe épreuve avant toutes lettres sur papier de Chine.

1299 — La Madone de Saint François, d'après le Corrège.

Superbe épreuve sur papier de Chine, avant la lettre.

## MAIR

1300 — Une Maison d'Architecture gothique ornée de statues (B. Pièce douteuse).

Très-belle épreuve.

## MAITRES ANONYMES

DES XV<sup>e</sup>, XVI<sup>e</sup> ET XVII<sup>e</sup> SIÈCLES.

B. Tome X , page 10.

1301 — La Sainte-Vierge (B. 13).
Très-belle épreuve.

1301 bis. — Le Martyre de sainte Catherine (B. 560). Petite
pièce ronde.
Belle épreuve.

1302 — Le Martyre de sainte Catherine (B. 57). Petite pièce
de forme ronde.
Belle épreuve.

1303 — Martyre de sainte Barbe. (B. 60).
Superbe épreuve.

1304 — La Décollation d'un saint (B. 73). Pièce de forme
ronde.
Estampe fort rare.

B. T. VII, page 552.

1305 — Des Paysans armés de fourches combattant contre
des hommes nus (B. 1).
Pièce gravée sur bois.

B. T. VIII, page 8.

1306 — Les Sauvages (B. 1).
Belle épreuve.

B. T. X, page 133.

1307 — Neptune debout. Pièce de forme ronde (B. 1).
Belle épreuve.

B. T. X, page 140.

1308 — Sujets d'Enfants (B. 1) et deux non décrits.
Très-belles épreuves. Trois pièces.

1309 — Sept Enfants tourmentant une chienne et ses
petits (B. 8).
Très-belle épreuve.

B. T. X, page 146.

**1310** — Combat entre trois guerriers à cheval et deux à pied (B. 7).
Belle épreuve.

**1311** — Paysan et Paysanne dansant (B. 12).
Très-belle épreuve.

**1312** — Un Soldat arrêtant par la bride le cheval d'un porte-enseigne (B. 13).
Belle épreuve.

**1313** — Un Soldat allemand assis sur une souche (B. 16). Copie.
Belle épreuve.

B. T. X, page 165.

**1314** — Dessin de gaine (B. 51).
Belle épreuve.

**1315** — Triomphe de Bacchus.
Très-belle épreuve.

**1316** — La prédiction de Jean Huss.
Pièce singulière sur la réforme, où se trouvent un grand nombre de personnages, parmi lesquels, à gauche de l'estampe, Martin Luther écrivant sur une porte, avec une longue plume dont le bout renverse la tiare du pape Léon X. Très-rare.

**1317** — Groupe d'animaux : deux éléphants, deux lions, un tigre et un chat. Estampe gravée à l'eau-forte et au burin.
Très-belle épreuve.

**1318** — Sujets de tournois.
Quatre pièces. Rares.

## MAITRE A L'ÉCREVISSE (Attribué au)

**1319** — La Nativité.
Au bas du milieu de l'estampe, l'enfant Jésus couché dans un panier est adoré par des anges à genoux ; de chaque côté, à gauche, la Vierge à genoux, les mains jointes, et, à droite, saint Joseph tenant un flambeau de la main droite, également à genoux ; au fond, l'annonciation aux bergers, et au haut de l'estampe, Dieu le père entouré d'anges jouant de divers instruments. Pièce sans marque.
Dimensions : Hauteur, 245 millim.
— Largeur, 175 —
Très-belle épreuve. Rare.

### MAITRE AU MONOGRAMME A. B.

B. T. IX, page 529.

1320 — Les trois Paysans (B. 1).
Belle épreuve.

### MAITRE AU MONOGRAMME A. G.

B. T. IX, page 482.

1321 — La Danse de la Mort. Suite de sept estampes
(B. 2-9) ; il manque le n° 7.
Très-belles épreuves.

### MAITRE AU MONOGRAMME A. L.

B. T. IX, page 38.

1322 — Portrait de Georges, duc de Saxe.
Superbe épreuve. Très-rare.

### MAITRE AU MONOGRAMME A. P.

B. T. XV, page 509.

1323 — Panneau d'ornements (B. 3).
Belle épreuve.

### MAITRE AU MONOGRAMME A. S.

B. T. IX, page 50.

1324 — La Fortune, 1540. Pièce de forme ronde (B. 1).
Très-belle épreuve.

1325 — La Justice, 1538. Panneau d'ornement d'orfèvrerie (B. 2).
Très-belle épreuve.

1326 — L'Amour, 1539. Autre panneau d'orfévrerie. (B. 3).
Très-belle épreuve.

### MAITRE AU MONOGRAMME A. S.

B. T. IX, page 516.

1327 — Les deux Soldats allemands (B. 4).
Très-belle épreuve.

## MAITRE AU MONOGRAMME A. S. F.

1328 — La Vierge aux cheveux longs, liés avec une bandelette d'après Durer (Brulliot), première partie, n° 383.
Très-belle épreuve.

## MAITRE AU MONOGRAMME A. S. G.

B. T. IX, page 515.

1329 — Vénus. — Un soldat allemant, 1568. (B. 1 et 2).
Belles épreuves.

B. T. VIII, page 587.

1330 — La Paysanne allant au marché.
Très-belle épreuve.

1331 — Le Paysan allant au marché.
Non décrit dans Bartsch et dans Passavant.

## MAITRE AU MONOGRAMME B. J.

B. T. IX, page 582.

1332 — Portrait de Virgilius Solis (B. 28).
Belle épreuve.

## MAITRE AU MONOGRAMME C. L. C.

B. T. IX, page 17.

1333 — Adam et Ève (B. 1).
Superbe épreuve.

1334 — Galathée (B. 2).
Belle épreuve.

## MAITRE AU MONOGRAMME É.

B. T. IX, page 67.

1335 — Le Seigneur et la Dame à genoux devant un crucifix (B. 1).
Pièce rare.

## MAITRE AUX INITIALES E. A. 1506

B. T. VI, page 416.

1336 — Femme tenant un écusson d'armes (B. 1). Seule pièce décrite de ce maitre.
Très-belle épreuve. Extrêmement rare.

## MAITRE AUX INITIALES E. S.,
### dit le MAITRE DE 1466

B. T. VI, page 1.

1337 — La sainte Véronique (B. 82).
Superbe épreuve. De la dernière rareté.

1338 — Le Saint-Suaire (B. 86).
Très-belle épreuve. Estampe intéressante en ce qu'elle porte la date de 1467.

## MAITRE AU MONOGRAMME F. B.

B. T. IX, page 443.

1339 — Sujets militaires (B. 43, 44, 45, 48, 49 et 51). 6 p.
Belles épreuves.

1340 — Le Hallebardier (B. 59).
Belle épreuve.

1341 — Les deux Moines (B. 79).
Belle épreuve.

1342 — La Sorcière (B. 81).
Belle épreuve

1343 — Les Bouffons. Suite de quatre estampes (B. 83-86).
Très-belles épreuves.

1344 — Bustes antiques de femmes et d'hommes (B. 90-92).
Trois estampes.

1345 — Montant d'ornements.
Inconnu à Bartsch. Superbe épreuve. Très-rare.

## MAITRE AU MONOGRAMME F. G.

B. T. IX, page 24.

1346 — Mutius Scévola (B. 1).
Belle épreuve.

1347 — Alexandre et Talestris (B. 3). D'après le Primatice.
Très-belle épreuve.

1348 — Vulcain et les Cyclopes, d'après le Primatice (B. 4).
Belle épreuve.

1349 — Femme nue assise (B. 6).
Belle épreuve.

1350 — Le Porte-enseigne (B. 7).
Très-belle épreuve.

1351 — Les deux Génisses et la Lionne, d'après Raphaël
(B. 8).
Très-belle épreuve.

1352 — La Vignette au Bouclier (B. 15).
Très-belle épreuve.

## MAITRE AU MONOGRAMME F. H.
B. T. IX, page 89.

1353 — Jésus-Christ à la Croix (B. 1).
Belle épreuve.

## MAITRE AU MONOGRAMME G. F. 1554
B. T. IX, page 30.

1354 — La Vignette aux deux Amours (B. 14).
Superbe épreuve.

## MAITRE AU MONOGRAMME G. K. P.
B. T. IX, page 36.

1355 — Montant d'ornements (B. 9).
Très-belle épreuve.

## MAITRE AU MONOGRAMME H. E.
B. T. IX, page 21.

1356 — Judith. — Hercule déchirant le lion de Némée
(B. 1 et 2).
Très-belles épreuves.

## MAITRE AU MONOGRAMME H. E.
B. T. XV, page 461.

1357 — L'Adoration des Bergers (B. 1).
Très-belle épreuve avant la retouche.

1358 — Le Petit Jésus au temple (B. 2).
Belle épreuve.

8

1359 — Les deux Marins (B. 3).
Très-belle épreuve.

1360 — Le Parnasse profané (B. 4)...
Très-belle épreuve.

1361 — Les Vendangeurs (B. 5).
Belle épreuve.

### MAITRE AU MONOGRAMME H. F. S.

T. IX, page 232.

1362 — L'Homme assis sur une cuirasse, 1547 (B. 1).
Très-belle épreuve.

### MAITRE AU MONOGRAMME H. L.

T. VIII, page 35.

1363 — L'Homme de douleurs (B. 1).
Ancienne épreuve.

### MAITRE AU MONOGRAMME I. B.

B. T. VIII, page 299.

1364 — Marc Curce, 1529 (B. 8).
Belle épreuve.

1355 — Les Divinités qui président aux sept planètes.
Suite de sept estampes (B. 11-17).
Belles épreuves.

1366 — Triomphe de Bacchus, 1528 (B. 19).
Belle épreuve.

1367 — Combat de deux Tritons (B. 20).
Très-belle épreuve.

1368 — Combat de Gladiateur à pied (B. 21).
Belle épreuve.

1369 — Pièce emblématique (B. 30).
Très-belle épreuve.

1370 — Les Enfants Vendangeurs, d'après Raphaël (B. 35).

1371 — Le Montant à la Cuirasse (B. 39).
Très-belle épreuve.

1372 — La Vignette aux deux Tritons (B. 45).
Belle épreuve.

1373 — La Vignette au Satyre au milieu de deux Dauphins
(B. 46).
Très-belle épreuve.

1374 — La Gaine au guerrier, 1528 (B. 50).
Très-belle épreuve.

1375 — Partie supérieure de la gaine à la Femme adée.
Partie inférieure de la gaine à la Vénus. (B. 51-52).
Belles épreuves.

### MAITRE J. B., dit LE MAITRE A L'OISEAU

1376 — Diane au bain. Estampe gravée sur bois (B. 2).
Très-belle épreuve. Rare.

### MAITRE AU MONOGRAMME J. G. (J. Gourmont)

1377 — Le Jeune saint Jean-Baptiste (B. 10).
Très-belle épreuve.

1378 — L'Enfant dans la galerie (B. 14).
Très-belle épreuve.

### MAITRE AU MONOGRAMME F. S.

B. T. IX, page 38.

1379 — Le Jugement de Pâris, 1534 (B. 1).
Belle épreuve.

### MAITRE AU MONOGRAMME K. D.

B. T. IX, page 392.

1380 — Plusieurs Canons et Mortiers (B. 11), et deux Joûteurs d'un tournoi (B. 13).
Belles épreuves.

### MAITRE AU MONOGRAMME L. C. Z.

B. T. VI, p. 361.

1381 — Jésus-Christ tenté par le Démon (B. 1).
Très-belle épreuve d'une estampe extrêmement rare.

### MAITRE AU MONOGRAMME M.

B. T. XV, page 541.

1382 — La Mort surprenant une Femme, d'après Michel-
Ange (B. 1).
Belle épreuve.

### MAITRE AU MONOGRAMME M. H. V. F.

B. T. IX, page 6.

1383 — Montant d'ornements (B. 3).
Superbe épreuve.

### MAITRE AU MONOGRAMME M. Z.

1384 — Ars moriendi ou l'art de bien mourir, suite de treize
estampes (Passavant, T. 11, page 172-13); il manque
le n° 1 de la suite.
Ces estampes sont gravées d'après celles de l'École du maître de 1466
et portent au verso un texte allemand.
Extrêmement rare.

### MAITRE AU MONOGRAMME N. H.

T. VII, page 150.

1385 — Dieu bénissant trois Martyrs (B. 7).
Très-belle épreuve.

### MAITRE AU MONOGRAMME P. M.

B. T. IX, page 567.

1386 — Les Travaux d'Hercule, d'après Aldegraver (B. 4,
5, 9, 12 et 14), 5 p.
Belles épreuves.

1387 — Pyrame et Thisbé (B. 16).
Très-belle épreuve.

### MAITRE AU MONOGRAMME P. V. H.

1388 — La Loge du Chien. — Les trois Chiens (B. 9 et 10).
Belles épreuves.

### MAITRE AU MONOGRAMME P. V. L.

B. T. VIII, page 24.

1389 — Le Maitre de la Vigne de l'Évangile (B. 1). Pièce de forme ronde.

Très-belle épreuve, avec une petite marge. Rare.

### MAITRE AU MONOGRAMME R.

B. T. IX, page 551.

1390 — Judith (B. 1).

Belle épreuve.

### MAITRE AU MONOGRAMME S. A. H.

B. T. VI, page 391.

1391 — Le Crucifix (B. 1).

Belle épreuve.

### MAITRE AU MONOGRAMME T. 1522

1392 — La Tentation de saint Antoine, pièce gravée sur bois.

Très-belle épreuve.

### MAITRE AU MONOGRAMME T. V. B.

B. T. IX, page 525.

1393 — Portrait de George Khevenhuller (B. 2).

Très-belle épreuve.

### MAITRE AU MONOGRAMME V. G.

B. T. IX, page 22.

1394 — L'Enfant jouant de la cornemuse (B. 2).

Superbe épreuve.

1395 — Triomphe de Bacchus, 1534 (B. 3).

Très-belle épreuve.

### MAITRE AU MONOGRAMME V. G.

B. T. VI, page 390.

1396 — Une des Vierges folles (B. 1).

Belle épreuve.

## MAITRE AU MONOGRAMME V. M.

B. T. VIII, page 22.

1397 — Martyre de saint Mathieu (B. 7).
Très-belle épreuve.

## MAITRE AU MONOGRAMME W. S.

B. T. IX, page 2.

1398 — Portrait de Martin Luther (B. 2).
Très-belle épreuve.

## MAITRE ANONYME ITALIEN DU XV<sup>e</sup> SIECLE

1399 — Vénus et l'Amour dans un paysage. Elle est debout
à la gauche de l'estampe et elle tient de la main droite
l'arc de l'Amour qui est couché à tere au bas de la
droite.

Cette estampe est gravée dans le goût de J. Campagnola. Peut-être
unique.

H. 120 mill. — L. 69 mill.

## MAITRE ANONYME ITALIEN

B. T. XIII, page 73.

1400 — Les trois Mages (B. 1).
Estampe rare avec l'adresse de Salamanque.

## MAITRES ANONYMES ITALIENS

B. T. XIII, page 91.

1401 — La Sibylle Libyque (B. 10).
Cette pièce ainsi que les huit suivantes sont de superbes épreuves du
1<sup>er</sup> état avant la retouche avec grande marge. Extrêmement rare.

1402 — La Sibylle Delphique (B. 11).

1403 — La Sibylle Cimmérique (B. 12).

1404 — La Sibylle d'Erithrée (B. 13).

1405 — La Sibylle de l'Hellespont (B. 14).

1406 — La Sibylle de Samos (B. 16).

1407 — La Sibylle de Phrygie (B. 17).

1408 — La Sibylle Europe (B. 19).

1409 — La Sibylle Agrippa (B. 20).

## MAITRE ANONYME ITALIEN
## DE L'ÉCOLE DE MARC-ANTOINE RAIMONDI

B. T. XV, page 6.

1410 — Joseph se faisant connaître à ses frères, d'après Raphaël (B. 6).

Belle épreuve.

## MAITRE ANONYME ITALIEN
## DE L'ÉCOLE DE MARC-ANTOINE RAIMONDI

B. T. XV, page 46.

1411 — La Dialectique et la Logique, d'après Raphael (B. 5).
Très-belle épreuve.

1412 — La Théologie et la Métaphysique (B. 6). Ce morceau fait le pendant du précédent.
Très-belle épreuve.

1413 — Le Banquet des Dieux.
Très-belle épreuve.

## MAITRE AU DÉ

B. T. XV, page 181.

1414 — L'Assomption de la Vierge, d'après Raphaël (B. 7).
Très-belle épreuve.

1415 — Saint Pierre, déclaré chef de l'Église, d'après Raphael (B. 11).
Belle épreuve.

## MANDER (Karl van d'après)

1416 — La Naissance de Jésus-Christ, prédite par les prophètes.
Très-belle épreuve.

1417 — Le roi Midas arrivant au Parnasse.
Très-belle épreuve.

### MANNE (Jacob)

Graveur en manière noire.

1418 — La Vierge et l'enfant Jésus, d'après le Titien.
Superbe épreuve. Rare.

### MANTEGNA (André)

1419 — La Flagellation (B. 1).
Très-belle épreuve.

1420 — La même composition.
Belle copie dans le même sens de l'original, par un vieux maître qui y a fait quelques changements, particulièrement en ce qu'il a orné les colonnes d'un architrave.

1421 — La Sépulture (B. 3).
Superbe épreuve.

1422 — Jésus-Christ descendant aux limbes (B. 5).
Très-belle épreuve.

1423 — Jésus-Christ ressuscité (B. 6).
Très-belle épreuve.

1424 — Le Sénat de Rome accompagnant un triomphe (B. 11).
Très-belle épreuve.

1425 — Les Soldats portant des trophées (B. 13).
Très-belle épreuve.

1426 — Répétition de la même pièce (B. 14).
Très-belle épreuve.

1427 — Hercule combattant contre un serpent (B. 15).
Superbe épreuve. Extrêmement rare.

1428 — Combat de deux Tritons (B. 17).
Très-belle épreuve.

1429 — Combat de dieux marins (B. 18).
Très-belle épreuve.

1430 — Le Combat des dieux marins (B. 18).
Épreuve très-curieuse lavée au bistre et rehaussée de blanc, peut-être par le maître lui-même.

## MARINUS

**1431** — Sainte Famille, d'après Jean Van Hoek.
Belle épreuve.

**1432** — Martyre de sainte Apolline, d'après J. Jordaens
(Hecquet, n° 13).
Très-belle épreuve du 1er état, avant l'adresse de Bloteling.

## MASSARD (J.)

**1433** — Charles Ier et sa famille; d'après Van Dyck.
Belle épreuve avant la lettre.

## MASSON (Antoine)

**1434** — Son portrait d'après Mignard (R. D. 1).
Très-belle épreuve.

**1435** — Saint Jérôme (R. D. 7),
Très-belle épreuve du 1er état.

**1436** — Abelly (Louis), évêque de Rodez (8).
Très-belle épreuve.

**1437** — Anne d'Autriche, reine de France. d'après Mignard.
Buste fort comme nature (11).
Superbe épreuve.

**1438** — Bouillon (Emmanuel-Théodore de la Tour-d'Auvergne, cardinal de), d'après Mignard (14).
Superbe épreuve du 1er état.

**1439** — Brisacier (Guillaume de), secrétaire des commandements de la reine, d'après Mignard (15).
Magnifique épreuve du 1er état avant toutes lettres. Très-rare.

**1440** — Le même portrait.
Très-belle épreuve.

**1441** — Charrier (Gaspard), lieutenant criminel au présidial
de Lyon, d'après Th. Blanchet (16).
Très-belle épreuve du 2e état.

**1442** — Colbert (Jacques-Nicolas), abbé du Bec (19).
Très-belle épreuve.

**1443** — Créey (Louis Verjus, comte de) (23).
Très-belle épreuve.

**1444** — Cureau de la Chambre (Marin), d'après Mignard (24).
Superbe épreuve du 1er état, avant les contretailles sur la joue gauche du personnage.

**1445** — Dupuis (Pierre), peintre de fleurs, d'après Mignard (25).
Très-belle épreuve.

**1446** — Dupuy (Alexandre), marquis de Saint-André Montbrun, d'après De Seve (26).
Superbe épreuve.

**1447** — Frédéric-Guillaume, dit le Grand, électeur de Brandebourg (30).
Très-belle épreuve.

**1448** — Harcourt (Henri de Lorraine, comte de), grand écuyer de France (R. D. 34).
Très-belle épreuve du 2e état, avec le chiffre 4, mais avans le trait échappé près des cheveux.

**1449** — Louis XIV, roi de France. Buste plus fort que nature (45).
Très-belle épreuve du 2e état.

**1450** — Marin de la Châtaigneraye (Denis), secrétaire du roi (50).
Très-belle épreuve.

**1451** — Medevay (François Rouxel de), archevêque de Rouen (51).
Très-belle épreuve.

**1452** — Nicolaï (Nicolas de), premier président de la chambre des comptes (54).
Superbe épreuve.

**1453** — Ormesson (Olivier Lefèvre d'), conseiller au parlement de Paris (58).
Superbe épreuve du 2e état.

1454 — Pussort (Henri de), conseiller d'État. Buste fort comme nature (62).
Très-belle épreuve.

1455 — Turenne (Henri de la Tour d'Auvergne, vicomte de). Buste fort comme nature (65).
Superbe épreuve.

1456 — Turgot de Saint-Clair (Antoine), maître des requêtes (66).
Très-belle épreuve.

1457 — Vendôme (Louis, duc de), d'après Mignard (67).
Superbe épreuve.

## MATHAM (Jacques)

1458 — Portrait de Sully, à mi-corps. *Paulus de la Houe excudebat*. (B. 25).
Très-belle épreuve.

1459 — Les quatre Saisons. Suite de quatre estampes (B. 51-54).
Belles épreuves.

1460 — Cupidon venant trouver au lit sa chère Psyché, d'après Bloemaert (B. 76).
Très-belle épreuve.

1461 — Sainte Elisabeth à genoux, soutenant le petit saint Jean, d'après Matthieu Boys (B. 78).
Très-belle épreuve.

1462 — Le Portement de croix, d'après A. Durer (B. 97).
Très-belle épreuve.

1463 — Les Amours des Dieux, d'après H. Goltzius. Suite de quatre estampes (156-159).
Très-belles épreuves.

1464 — Portrait d'homme en buste, tenant un verre à la main, d'après C. Kettel (B. 169).
Très-belle épreuve.

1465 — Le Parnasse, d'après Raphaël Sanzio (B. 199).
Superbe épreuve.

1466 — Le Triomphe de Neptune et de Thétis, d'après Bart. Spranger (B. 204).
Très-belle épreuve.

1467 — La sainte Vierge montant au ciel, d'après E. Zucchero (B. 239).
Très-belle épreuve.

1468 — Les Parques filant la vie des hommes, d'après Goltzius Planche de forme ronde (B. 300).
Superbe épreuve.

### MATHAM (Attribué à)

1469 — André Vander Kruyssen de la faculté de théologie d'Amsterdam.
Très-belle épreuve.

### MATHAM (Th.)

1470 — Jean Banning Wuytiers sur son lit de parade.
Très-belle épreuve.

1471 — Rénier Paare, président des états de Hollande, d'après J. Mytens.
Très-belle épreuve

1472 — Timothée de Sayer, docteur en théologie.
Superbe épreuve avant la lettre. Rare.

1473 — Jacob Vigier, pasteur d'Amsterdam.
Belle épreuve.

### MATTUE (Corneille)

1474 — Le Chevrier (B. 1).
Très-belle épreuve. Fort rare.

### MATSYS (Corneille)

1475 — La Transfiguration (B. 23).
Très-belle épreuve.

1476 — Les portraits d'Ernest, comte de Mansfeld, et de Dorothée, son épouse (B. 57).
Très-belle épreuve.

## MECKEN (Israel de)

1477. — Judith (B. 4).
Magnifique épreuve d'une des pièces capitales du maître.

1478 — Jésus-Christ amené chez Caïphe (B. 12).
Très-belle épreuve.

1479 — La Flagellation (B. 13).
Très-belle épreuve.

1480 — Jésus-Christ amené chez Pilate (B. 151).
Très-belle épreuve.

1481 — Jésus-Christ montré au peuple (B. 16).
Très-belle épreuve.

1482 — Le Portement de croix (B. 17).
Superbe épreuve.

1483 — Descente de croix (B. 19).
Très-belle épreuve.

1484 — Jésus-Christ à Emmaüs (B. 21).
Très-belle épreuve.

1485 — Crucifix (B. 28).
Superbe épreuve.

1486 — La Naissance de la Vierge (B. 31).
Superbe épreuve.

1487 — La Naissance de Jésus-Christ (B. 35).
Superbe épreuve.

1488 — L'Adoration des Rois (B. 36).
Très-belle épreuve.

1489 — Le Massacre des Innocents (B. 38).
Très-belle épreuve.

1490 — Jésus-Christ vu de face (B. 64).
Superbe épreuve.

1491 — Saint Pierre et saint André (B. 79).
Très-belle épreuve.

1492 — Saint Jacques le Mineur, et saint Judas Thaddée
(B. 81).
Très-belle épreuve.

1493 — Saint Antoine (B. 86).
Belle épreuve.

1494 — Saint Christophe (B. 89),
Superbe épreuve. Collection J. Gottob.

1495 — Saint Christophe (B. 91).
Très-belle épreuve.

1496 — Saint Grégoire (B. 100).
Très-belle épreuve.

1497 — Saint Grégoire et ses assistants adorant Jésus-Christ
(B. 101).
Très-belle épreuve.

1498 — Saint Luc (B. 107).
Très-belle épreuve.

1499 — Saint Sébastien (B. 112).
Très-belle épreuve. Collection J. Gottob.

1500 — Sainte Barbe (B. 122).
Superbe épreuve; elle a une petite marge. Collection J. Gottob.

1501 — Sainte Catherine (B. 124).
Belle épreuve.

1502 — Sainte Élisabeth (B. 127).
Très-belle épreuve.

1503 — L'Homme de douleurs (B. 138).
Très-belle épreuve.

1504 — Le Sauveur (B. 143).
Superbe épreuve.

1506 — La Sainte Famille (B. 148).
Très-belle épreuve.

1507 — La Première des Vierges sages (B. 158).
Très-belle épreuve.

1508 — La Troisième des Vierges folles (B. 165).
Très-belle épreuve.

1509 — Lucrèce (B. 168).
Superbe épreuve.

1510 — La Chanteuse et le Joueur de guitare (B. 174).
Belle épreuve.

1511 — Homme et femme assis sur un lit (B. 879).
Très-belle épreuve.

1512 — La Fileuse (B. 183).
Très-belle épreuve.

1513 — Le Seigneur et la Dame (B. 184).
Très-belle épreuve.

1514 — Jeux d'enfants (B. 188).
Superbe épreuve.

1515 — La Généalogie de Jésus Christ, rinceaux d'ornements (B. 202).
Superbe épreuve.

1516 — Rinceau d'ornements sur lequel est représenté un combat de sauvages (B. 207).
Superbe épreuve.

## MEISSONNIER (M.)

1517 — Marche de Lansquenets.
Eau-forte rare. Papier de Chine.

## MERCURY (M. Pierre)

1518 — Sainte Amélie, reine de Hongrie, d'après Paul Delaroche.
Très-belle épreuve avant la lettre sur papier de Chine.

1519 — Les Moissonneurs, d'après Léopold Robert.
Très-belle épreuve avant la lettre.

1520 — Le Supplice de Jane Gray, d'après Paul Delaroche.
Superbe épreuve avant toute lettre, sur papier de Chine ; elle porte un envoi autographe de l'auteur.

## MEY (Raphaël de)

1521 — Saint Antoine tourmenté par les démons, d'après Martin Schongauer.
Très-belle épreuve.

## MOOR (C. de)

**1522** — Portrait de Jean Van Goyen, peintre.
Très-belle épreuve.

## MORGHEN (Raphael)

**1523** — La Cène, d'après Léonard de Vinci.
Superbe épreuve avant la lettre ; le titre et les noms d'auteurs tracés.

**1524** — La Transfiguration, d'après Raphaël.
Très-belle épreuve de souscription, portant le n° 320 et la signature de R. Morghen ; grande marge.

**1525** — Le Char de l'Aurore, d'après Guido Reni.
Superbe épreuve avant la lettre. Elle a une grande marge.

**1526** — Saint Jean prêchant dans le désert, d'après Guido Reni.
Superbe épreuve avant la lettre, avec une grande marge. Rare en cet état.

**1527** — Tête du Christ, d'après Léonard de Vinci.
Très-belle épreuve avant la lettre ; le titre et les noms d'auteurs tracés

**1528** — Parce somnum rumpere, d'après le Titien.
Très-belle épreuve, lettres ouvertes.

**1529** — Mater divinæ gratiæ, d'après Raphaël.
Belle épreuve avant la lettre.

**1530** — *Salvator Mundi*, d'après Carlo Dolci.
Très-belle épreuve avant la lettre.

**1531** — La Madeleine pénitente, d'après Raphaël.
Très-belle épreuve avant la lettre.

**1532** — La Jurisprudence, d'après Raphaël.
Superbe épreuve avant la lettre. Elle a toute sa marge ; très-rare.

**1533** — Les Trois Ages, d'après Gérard.
Très-belle épreuve avant toutes lettres.

**1534** — Loth et ses filles, d'après le Dominiquin.
Très-belle épreuve avant la lettre.

1535 — Les Nymphes de Diane, armées d'arcs et de flèches, d'après le Dominiquin. — Apollon et les Muses sur le Parnasse, d'après Raphael.
Très-belles épreuves avant toutes lettres. A la première, les noms d'auteurs tracés.

1536 — La Famille de Holstein-Beck, d'après Gérard.
Superbe épreuve avant toutes lettres. Rare.

1537 — Jeanne d'Aragon, d'après Raphaël.
Très-belle épreuve avant toutes lettres sur papier de Chine.

1538 — Portrait de Raphaël, d'après lui-même.
Très-belle épreuve avant la lettre.

1539 — La Fornarina, d'après Raphaël.
Très-belle épreuve avant la lettre; le titre et les noms d'auteurs tracés.

1540 — Léonard de Vinci, d'après lui-même.
Très-belle épreuve avant la lettre; le titre et les noms d'auteurs tracés.

1541 — Jean Volpato, d'après A. Kaufman.
Très-belle épreuve avant la lettre; le titre et les noms d'auteurs tracés.

## MORIN (Jean)

1542 — Anne d'Autriche, reine de France, d'après Ph. de Champaigne (R. D. 40).
Superbe épreuve.

1543 — La même reine en deuil de Cour (41).
Très-belle épreuve.

1544 — Arnauld d'Andilly (Robert), d'après Ph. de Champaigne (42).
Très-belle épreuve.

1545 — Bentivoglio (Guido), cardinal, d'après Van Dyck (43).
Très-belle épreuve.

1546 — Berthier (Pierre), évêque de Montauban, d'après Ph. de Champaigne (44).
Très-belle épreuve.

1547 — Saint Charles Borromée, d'après Ph. deChampaigne (46). Coll. Franck.
Superbe épreuve.

1548 — Bourbon-Conti (Armand de), d'après Juste (47).
Superbe épreuve.

1549 — Brachet de la Milletière, conseiller d'État, d'après Ph. de Champaigne (48).
Superbe épreuve.

1550 — Camus (Jean-Pierre), évêque de Belley, d'après Ph. de Champaigne (46).
Superbe épreuve.

1551 — Choiseul du Plessis-Praslin (Gilbert de), évêque de Comminges, d'après Ph. de Champaigne (50).
Très-belle épreuve du 1er état.

1552 — Chrystin (N.), d'après Van Dyck).
Très-belle épreuve.

1553 — Franck (Jérôme), peintre, d'après lui-même (52).
Superbe épreuve du 1er état avant toutes lettres. Extrêmement rare.

1554 — Le même portrait.
Très-belle épreuve du 2e état.

1555 — Gondy (Jean-François-Paul de) coadjuteur de Paris, d'après Ph. de Champaigne (54).
Magnifique épreuve.

1556 — Grimberghe (Honorine), comtesse de Bossu, d'après Van Dyck (56).
Très-belle épreuve.

1557 — Guise (Henri de Lorraine, duc de) comte d'Eu, d'après Citermans (57).
Très-belle épreuve.

1558 — Harcourt (Henri de Lorraine, comte d'), grand écuyer de France, d'après Ph. de Champaigne (58).
Très-belle épreuve.

1559 — Henri II, roi de France, d'après Janet (59).
Très-belle épreuve.

**1560** — Henri IV, roi de France, d'après Ferdinand (60).
Superbe épreuve.

**1561** — Jansénius (Corneille), évêque d'Ypres (61).
Très-belle épreuve du 1er état.

**1562** — Marguerite Lemon, d'après Van Dyck. (62).
Superbe épreuve.

**1563** — Louis XI, roi de France (63).
Très-belle épreuve.

**1564** — Louis XIII, roi de France, d'après Ph. de Champagne (64).
Très-belle épreuve.

**1565** — Maisons (le président de), d'après Ph. de Champaigne (65).
Très-belle épreuve.

**1566** — Marillac (Michel de), garde des sceaux de France, d'après Ph. de Champaigne (66.)
Très-belle épreuve.

**1567** — Maugis des Granges (Pierre), maitre d'hôtel du roi, d'après Ph. de Champaigne (67).
Très-belle épreuve.

**1568** — Le même personnage.
Très-belle épreuve.

**1569** — Mazarin (le cardinal), d'après Ph. de Champaigne (68).
Très-belle épreuve.

**1570** — Le Mercier (Jacques), architecte d'après Ph. de Champaigne (69).
Très-belle épreuve.

**1571** — Metz (Nicolas de), évêque d'Orléans, d'après Ph. de Champaigne (70).
Superbe épreuve.

**1572** — Richelieu (le cardinal de), d'après Ph. de Champaigne (72).
Très-belle épreuve.

1573 — Saint François de Sales (73).
Très-belle épreuve.

1574 — Talon (Omer), avocat général au Parlement de Paris,
d'après Ph. de Champaigne (74).
Très-belle épreuve.

1575 — Tarrisse (Dom Jean-Grégoire), général de la congrégation de Saint-Maur, d'après F. Domtan (75).
Très-belle épreuve.

1576 — Le Tellier (Michel), secrétaire des commandements
du roi, d'après Ph. de Champaigne (76).
Très-belle épreuve.

1577 — Thou (Augustin de), président au Parlement
(77).
Superbe épreuve.

1578 — Thou (Christophe de), premier président (78). —
Très-belle épreuve.

1579 — Thou (Jacques-Auguste de), président des enquêtes
du Parlement de Paris, d'après Ferdinand (79).
Superbe épreuve.

1580 — Tubœuf (Jacques), intendant des finances, d'après
Ph. de Champaigne (80).
Très-belle épreuve.

1581 — Valois (Charles de), duc d'Angoulème, d'après Ph.
de Champaigne (81).
Très-belle épreuve.

1582 — Verger de Hauranne (Jean Du), abbé de saint Cyran,
d'après Ph. de Champaigne (82).
Très-belle épreuve.

1583 — Le même personnage (83).
Très-belle épreuve.

1584 — Vignerod (Jean-Baptiste-Amador), abbé de Richelieu, d'après Ph. de Champaigne (85).
Très-belle épreuve.

1585 — Villemontée (François de), intendant en Poitou, d'après Ph. de Champaigne (86).
Superbe épreuve.

1586 — Villeroy (Nicolas de Neufville, marquis de), d'après Ph. de Champaigne (87).
Belle épreuve

1587 Vitré (Antoine), imprimeur à Paris, d'après Ph. de Champaigne.
Très-belle épreuve.

### MULLER (Jean)

1588 — Le Combat d'Ulysse et d'Irus, d'après C. Cornelis (B. 30).
Superbe épreuve du 1ᵉʳ état avant l'adresse de J. Visscher.

1589 — Les trois Parques filant la vie des hommes, d'après C. Cornelis (B. 31).
Superbe épreuve.

1590 — La Fortune montrant son aveuglement par la manière dont elle dispense ses faveurs, d'après C. Cornelis (B. 33).
Très-belle épreuve.

1591 — Les Amours de Mercure et Vénus, d'après B. Spranger (B. 68).
Très-belle épreuve.

1592 — Minerve donnant les armes à Persée, d'après B. Spranger (B. 69). Cette estampe est connue sous le nom du Chef-d'œuvre de Jean Muller.
Superbe épr. uve. Rare.

1593 — Albert, archiduc d'Autriche. Beau portrait d'après P.-P. Rubens.
Superbe épreuve.

1594 — Ambroise Spinola, commandant supérieur militaire, pour l'Espagne en Belgique, d'après Mirevelt.
Superbe épreuve.

**1595** — Christian IV, roi de Danemarck.
Belle épreuve.

**1596** — La Femme de Rubens debout et enveloppée d'une draperie, d'après Rubens.
Très-belle épreuve.

### MULLER (G.-A.)

**1597** — Portrait des enfants de Rubens, en pied, d'après Rubens.
Très-belle épreuve.

### MULLER (Frédéric)

**1598** — La Madone de Saint-Sixte, d'après Raphaël.
Très-belle épreuve d'artiste avant toutes lettres et avant les auréoles; il manque quelques travaux pour qu'elle soit terminée. Extrêmement rare.

**1599** — La même estampe.
Très-belle épreuve avant la retouche.

**1600** — Saint Jean l'évangéliste, d'après le Dominiquin.
Superbe épreuve avant la lettre et avant le nom de l'imprimeur Ramboz; le texte et les noms d'auteurs sont tracés à la pointe.

**1601** — Sainte Cécile, d'après le Dominiquin.
Très-belle épreuve avant toutes lettres.

### MULLER (Jean-Gothard)

**1602** — La Vierge à la Chaise, d'après Raphaël.
Superbe épreuve avant toutes lettres.

### NADAT, dit le Maître a la Ratière

**1603** — La Vierge et sainte Anne (B. 1).
Très-belle épreuve. Rare.

### NANTEUIL (Robert)

**1604** — Moïse, d'après Ph. de Champaigne (R. D. 1).
Très-belle épreuve.

**1605** — Sainte Famille (R. D. 2).
Très-belle épreuve. Rare.

**1606** — Amelot (Jacques), premier Président de la Cour des Aides (19).
Très-belle épreuve du 1er état.

**1607** — Amelot (Michel), Archevêque de Tours (20).
Belle épreuve du 3e état.

**1608** — Le même personnage. Buste fort comme nature (21).
Très-belle épreuve.

**1609** — Anne d'Autriche, Reine de France, d'après Mignard (22).
Très-belle épreuve du 3e état.

**1610** — Arnauld de Pomponne (Simon), ministre d'État (24).
Très-belle épreuve. Collection Franck.

**1611** — Aubray (Dreux d'), Lieutenant civil au Châtelet de Paris (25).
Très belle épreuve.

**1612** — Auvry (Claude), Évêque de Coutances, Trésorier de la Sainte-Chapelle (26).
Très-belle épreuve du 1er état.

**1613** — Barberin (Antoine), Cardinal, Archevêque de Reims (28).
Très-belle épreuve.

**1614** — Le même personnage (29).
Très-belle épreuve du 1er état..

**1615** — Le même personnage (30).
Très-belle épreuve.

**1616** — Barillon de Morangis (Antoine), Intendant des Finances (31).
Superbe épreuve.

**1617** — Bartillat (Étienne Jehannot de), Garde du Trésor royal (32).
Superbe épreuve du 1er état.

1618 — Beaufort (François de Vendôme, duc de), surnommé le Roi des Halles (33).
Superbe épreuve du 1ᵉʳ état, avec l'adresse de *Leblond*.

1619 — Beaumanoir de Lavardin (Philibert-Emmanuel), Evêque du Mans (35).
Très-belle épreuve du 1ᵉʳ état.

1620 — Bellièvre (Pompone de), premier Président au Parlement de Paris (36).
Belle épreuve.

1621 — Le même personnage, d'après Ch. LeBrun. Morceau appelé le *Pompone*. Chef-d'œuvre de l'œuvre de Nanteuil (37).
Magnifique épreuve du 2ᵉ état.

1622 — Benoist (Charles), Conseiller au Parlement de Paris (38).
Très-belle épreuve.

1623 — Blanchart (François), Abbé de Sainte Geneviève (39).
Très-belle épreuve du 1ᵉʳ état.

1624 — Blondeau (François), Président de la Chambre des Comptes (40).
Belle épreuve.

1625 — Blondel (David), Ministre protestant (41).
Très-belle épreuve du 1ᵉʳ état.

1626 — Bochart de Saron, Chanoine de l'Église de Paris (42).
Très-belle épreuve.

1627 — Boileau (Gilles), Greffier de la Grande Chambre du Parlement de Paris (43).
Très-belle épreuve du 2ᵉ état.

1628 — Bosquet (François), Évêque de Montpellier (44).
Très-belle épreuve.

1629 — Bouchu (Pierre), Abbé de Clairvaux (47).
Très-belle épreuve du 1ᵉʳ état.

**1630** — Bouillon (Frédéric-Maurice de la Tour d'Auvergne, duc de) (49).
Très-belle épreuve.

**1631** — Bouillon (Godefroi-Maurice de la Tour d'Auvergne, duc de), Grand Chambellan de France (50).
Très-belle épreuve du 2ᵉ état. Rare.

**1632** — Bouillon (Emmanuel-Théodore de la Tour d'Auvergne, cardinal de). Buste fort comme nature (52).
Très-belle épreuve du 1ᵉʳ état, avant que le personnage ait été décoré de la croix du Saint-Esprit.

**1633** — Le même personnage. Autre buste fort comme nature (53).
Très-belle épreuve du 1ᵉʳ état.

**1634** — Bouthillier (Victor Le), Archevêque de Tours (54).
Très-belle épreuve.

**1635** — Le même personnage (15).
Très-belle épreuve du 1ᵉʳ état, avant que l'année ait été enlevée.

**1636** — Le même personnage (56).
Très-belle épreuve.

**1637** — Bragelone (Marie de), veuve de Claude LeBouthillier, Surintendant des Finances (57).
Très-belle épreuve.

**1638** — Castelnau (Jacques, Marquis de), Maréchal de France (58).
Superbe épreuve.

**1639** — Chamillard (Gui), Maître des Requêtes de l'Hôtel (59).
Très-belle épreuve.

**1640** — Chapelain (Jean), Membre de l'Académie française (60).
Superbe épreuve du 1ᵉʳ état.

**1641** — Charles-Emmanuel II, Duc de Savoie (61).
Très-belle épreuve.

**1642** — Charles V de Lorraine (63).

Très-belle épreuve.

**1643** — Chaulnes (Charles d'Albret d'Ailly, duc de). Buste fort comme nature (65).

Très-belle épreuve.

**1644** — Chavigny (Léon Le Bouthillier, comte de), Ministre d'État (66).

Superbe épreuve. Collection Franck.

**1645** — Christine, Reine de Suède, d'après S. Bourdon (67).

Très-belle épreuve.

**1646** — Clermont-Tonnerre (François de), Evêque de Noyon (68).

Superbe épreuve du 1er état ; le personnage n'a pas la croix pastorale.

**1647** — Coislin (Pierre du Cambout, cardinal de) (69).

Superbe épreuve du 1er état, avec l'année 1658, qui plus tard a été convertie en celle de 1664.

**1648** — Colbert (Jean-Baptiste), Contrôleur général des Finances, d'après Ph. de Champaigne (72).

Superbe épreuve du 2e état. Collection Franck.

**1649** — Le même personnage. Buste fort comme nature (75).

Très-belle épreuve du 2e état.

**1650** — Colbert (Jacques-Nicolas), Archevêque de Rouen. Buste fort comme nature (77).

Très-belle épreuve du 2e état.

**1651** — Le même personnage. Autre Buste fort comme nature (78).

Superbe épreuve du 1er état, avant les changements dans les inscriptions. Très-rare. Collection Franck.

**1652** — Condé (Louis de Bourbon, IIe du nom, prince de), surnommé Monsieur le Prince (79).

Magnifique épreuve.

**1653** — Courtin (Honoré), Conseiller d'Etat (80).
Superbe épreuve du 1ᵉʳ état, avant l'inscription.

**1654** — Créqui (François de Bonne, Maréchal de) (81).
Très-belle épreuve du 2ᵉ état.

**1655** — De Sève (Alexandre), Prévôt des Marchands (82).
Superbe épreuve.

**1656** — Doni d'Attichy (Louis), Evêque d'Autun (83).
Très-belle épreuve.

**1657** — Dorieu (Jean), Président en la Cour des Aides (84).
Très-belle épreuve.

**1658** — Dulieu de Chenevoux (François-Antoine), Maître des Comptes (85).
Superbe épreuve. Collection Franck.

**1659** — Dupuy (les deux frères Pierre et Jacques), sur la même planche (89).
Très-belle épreuve du 1ᵉʳ état.

**1660** — Enghien (Henri-Jules de Bourbon, duc d'), surnommé Monsieur le Duc (90).
Très-belle épreuve.

**1661** — Espernon (Bernard de Foix de la Valette, duc d') (R. D. 91).
Très-belle épreuve du 2ᵉ état.

**1662** — Le même personnage.
Belle épreuve du 3ᵉ état.

**1663** — Feret (Hippolyte), Curé de Saint-Nicolas du Chardonnet et Grand-Vicaire de Paris (95).
Très-belle épreuve du 1ᵉʳ état.

**1664** — Fouquet (Basile), Chancelier des Ordres du Roi (97).
Très-belle épreuve.

**1665** — Fouquet (Nicolas), Surintendant des Finances (98).
Très-belle épreuve.

1666 — Fronteau (Jean), Chanoine de Sainte-Geneviève (99).
Très-belle épreuve du 1er état.

1667 — Furstenberg (Guillaume-Egon, cardinal de). Buste fort comme nature (R. D. 100).
Magnifique épreuve du 1er état, avant la correction du mot *Ego* en celle d'*Egon*. Rare.

1668 — Gassendi (Pierre), Homme de Lettres (101).
Très-belle épreuve du 2e état.

1669 — Gillier (Melchior de), Maître de l'Hôtel du Roi (102).
Très-belle épreuve.

1670 — Gillier (Madame de) (103).
Très-belle épreuve.

1671 — Guébriant (Jean-Baptiste Budes, comte de), Maréchal de France (104).
Très-belle épreuve.

1672 — Guénault (François), Médecin de la Reine (105).
Très-belle épreuve.

1673 — Guénégaud (Henri de), Sécrétaire d'État (106).
Très-belle épreuve du 1er état; le personnage n'est point encore décoré de la plaque du Saint-Esprit.

1674 — Harlay de Chanvallon (François de), Archevêque de Paris (107).
Très-belle épreuve du 2e état.

1675 — Hesselin (Louis), Conseiller d'État (119).
Très-belle épreuve du 2e état.

1676 — Jeannin (Pierre), Surintendant des Finances (112).
Belle épre

1677 — Joly (Claude), Evêque d'Agen (113).
Belle épreuve.

1678 — La Barde (Denis de), Evêque de Saint-Brieuc (115).
Belle épreuve.

1679 — La Chambre (Marin Cureau de), Médecin du Roi (116).
Superbe épreuve du 1er état.

1680 — Lallemant (Pierre), Prieur de Sainte-Geneviève (117).
Très-belle épreuve du 1er état.

1681 — La Meilleraye (Charles de la Porte, duc de), Maréchal de France (118).
Très-belle épreuve.

1682 — Lamoignon (Guillaume de), Chancelier de France (120).
Très-belle épreuve.

1683 — La Vrillière (Louis Phelypeaux de), Secrétaire d'État (123).
Très-belle épreuve.

1684 — Le Boultz (Noël), Conseiller au Parlement de Paris (124).
Très-belle épreuve.

1685 — Le Coigneux (Jacques), Président à Mortier au Parlement de Paris (125).
Très-belle épreuve.

1686 — Le Masle (Michel), Prieur des Roches (126).
Très-belle épreuve du 1er état.

1687 — Le Tellier (Michel), Ministre d'État, Garde des Sceaux de France (128).
Très-belle épreuve.

1688 — Le même personnage (130).
Très-belle épreuve.

1689 — Le même personnage (134).
Très-belle épreuve.

1690 — Le même personnage (135).
Très-belle épreuve.

1691 — Le Tellier (Charles Maurice), Archevêque de Rheims (138).
Très-belle épreuve.

1692 — Le Vayer (François de La Mothe), Conseiller d'Etat (143).
Très-belle épreuve.

1693 — Ligny (Dominique de), Evêque de Meaux (R. D. 145).
Très-belle épreuve.

1694 — Lionne (Hugues de), Secrétaire d'Etat (146).
Très-belle épreuve du 1er état, avec l'inscription qui a été enlevée dans les épreuves du 2e état.

1695 — Lionne (Jules-Paul), Abbé de Marmoutier et Prieur de Saint-Martin des Champs (147).
Superbe épreuve du 1er état.

1696 — Loret (Jean), Poëte (150).
Très-belle épreuve.

1697 — Lotin de Charny (François), Président au Parlement de Paris (151).
Très-belle épreuve.

1698 — Louis XIV. Buste fort comme nature (157).
Très-belle épreuve du 4e état; il y en a sept.

1699 — Le même personnage. Autre buste fort comme nature (160).
Très-belle épreuve du 2e état; il y en a cinq.

1700 — Le même personnage. Autre buste fort comme nature (162).
Superbe épreuve du 2e état; il y en a onze. Très-rare.

1701 — Maisons (René de Longueil, marquis de), surintendant des finances (165).
Très-belle épreuve du 3e état; il y en a cinq.

1702 — Mallier de Houssay (François), évêque de Troyes (167).
Très-belle épreuve.

1703 — Maridat de Serrières (Pierre de), conseiller au grand Conseil (168).
Très-belle épreuve.

1704 — Marie-Jeanne-Baptiste de Savoie-Nemours, duchesse de Savoie (169).
Superbe épreuve du 1er état.

1705 — Marin de la Chataigneraye (Denis), intendant des finances (170).
Très-belle épreuve du 1er état.

1706 — Marolles (Michel de), abbé de Villeloing (171).
Très-belle épreuve du 1er état.

1707 — Matignon (Léonor Goyon de), évêque de Coutances (172).
Très-belle épreuve du 1er état.

1708 — Mazarin (Jules), cardinal, ministre d'État (177).
Très-belle épreuve.

1709 — Le même personnage (180).
Très-belle épreuve du 1er état.

1710 — Le même personnage (184).
Très-belle épreuve du 1er état.

1711 — Le même personnage, assis dans sa galerie (185).
Superbe épreuve.

1712 — Le même personnage (187).
Superbe épreuve du 1er état.

1713 — Le même personnage, d'après Mignard (186).
Superbe épreuve.

1714 — Ménage (Gilles), homme de lettres (188).
Très-belle épreuve du 1er état.

1715 — Mercœur (Louis de Vendôme, duc de) (189).
Superbe épreuve. Très-rare de cette beauté.

1716 — Mesgrigny (Henri de), président à Mortier, au Parlement de Paris (190).
Très-belle épreuve du 1er état.

1717 — Mesmes (Henri de), président à Mortier, au Parlement de Paris (191).
Très-belle épreuve du 1er état.

1718 — Mesmes (Jean-Antoine de), président à Mortier, au Parlement de Paris (192).
Très-belle épreuve du 2e état.

1719 — Molé (Édouard), président à Mortier, au Parlement de Paris (193).
Très-belle épreuve.

1720 — Molé (Matthieu), garde des Sceaux de France (194).
Très-belle épreuve. Très-rare.

1721 — Molé (François), abbé de Sainte Croix de Bordeaux (195).
Très-belle épreuve.

1722 — Montpezat de Carbon (Jean de), archevêque de Sens (196).
Très-belle épreuve.

1723 — Mouy (Henri de Lorraine, marquis de) (197).
Très-belle épreuve du 1er état.

1724 — Nemours (Henri de Savoie, duc de) (198).
Très-belle épreuve du 2e état.

1725 — Le même personnage (199).
Très-belle épreuve du 1er état.

1726 — Nemours (Anne-Marie d'Orléans-Longueville, duchesse de) (200). Charmant petit portrait.
Superbe épreuve. Rare.

1727 — Nesmond (François-Théodore de), président à Mortier, au Parlement de Paris (201).
Très-belle épreuve.

1728 — Nesmond (François), évêque de Bayeux (202.)
Très-belle épreuve du 2e état.

1729 — Neufville (François de), évêque de Chartres (203).
Très-belle épreuve.

1730 — Novion (Nicolas Potier de), premier président au
Parlement de Paris (207).

Superbe épreuve du 1er état, avant le crochet qui suit l'année.

1731 — Ormesson (André Lefèvre d'), conseiller d'État
(209).

Très-belle épreuve du 1er état.

1732 — Payen-Deslandes (Pierre), abbé de Saint-Martin
(210).

Très-belle épreuve.

1733 — Péréfixe de Beaumont (Hardouin de), archevêque
de Paris (211).

Très-belle épreuve du 2e état.

1734 — Le même personnage (213).

Très-belle épreuve.

1735 — Le même personnage. Buste fort comme nature
(214).

Très-belle épreuve du 1er état, avec l'année 1665.

1736 — Poncet (Pierre), Maître des Requêtes (215).

Très-belle épreuve du 2e état.

1737 — Regnauldin (Claude), procureur général au grand
Conseil (216).

Superbe épreuve du 1er état.

1738 — Retz (Jean-François-Paul de Gondy, cardinal de)
(217).

Très-belle épreuve du 1er état, avant que la planche ait été réduite.
Rare.

1739 — Saint-Paul (Charles-Paris d'Orléans Longueville,
comte de) (219).

Superbe épreuve.

1740 — Sarrazin (Jean-François), homme de lettres (220).

Superbe épreuve du 1er état. Très-rare.

1741 — Scudéri (Georges de), membre de l'Académie française (221).

Très-belle épreuve du 1er état.

1742 — Séguier (Pierre), chancelier de France, d'après
Ch. Le Brun (223).
Superbe épreuve. Collection Franck.

1743 — Séguier de Saint-Brisson (Pierre), Prévôt de Paris
(224).
Très-belle épreuve.

1744 — Servien (François), évêque de Bayeux (225).
Magnifique épreuve du 1er état, avant l'inscription.

1745 — Steenberghen (Jean-Baptiste Van), conseiller du
Roi au Conseil de France (226).
Très-belle épreuve du 1er état.

1746 — Suze (Louis de), évêque de Viviers (227).
Très-belle épreuve du 1er état.

1747 — Talon (Denis), président à Mortier, au Parlement
de Paris (228).
Superbe épreuve.

1748 — Thévenin (Claude), chanoine de l'Eglise de Paris
(231).
Très-belle épreuve du 2e état.

1749 — Turenne (Henri de la Tour-d'Auvergne, vicomte
de), maréchal de France (232).
Très-belle épreuve.

1750 — Voiture (Vincent), membre de l'Académie française (234).
Très-belle épreuve.

1751 — Bonzi (Pierre de), cardinal, archevêque de Narbonne (App. 1).
Superbe épreuve du 5e état; il y en a treize. Collection Franck.

1752 — Louvois (François-Michel Le Tellier, marquis de),
Ministre d'Etat. Buste fort comme nature (App. 6).
Très-belle épreuve d'un état non décrit par Robert Dumésnil; avec la
lettre F et avec l'adresse de G. Edelinck, rue Saint-Jacques, au Séraphin.

### NANTEUIL (d'après R.)

**1753** — Marc de Wulson, sieur de la Colombière, gravé par N. Reguesson.
Très-belle épreuve.

**1754** — François Tallemant, premier Aumónier de Madame, gravé par S. Picart.
Très-belle épreuve.

### NATALIS (MICHEL)

**1755** — Emmanuel-Théodore de la Tour-d'Auvergne, duc d'Albret, d'après Mignard.
Très-belle épreuve.

### NAIWJNCX (HENRI)

**1756** — Différents paysages en largeur. Suite de huit éstampes (B. 1-8).
Très-belles épreuves.

**1757** — Autre suite de huit paysages en hauteur (B. 9-16).
Très-belles épreuves.

### NÉRO

**1758** — La Justice (B. 1).
Très-belle épreuve. Rare.

### NEYTS (G.)

**1759** — Le jeune Tobie (B. 4).
Très-belle épreuve.

**1760** — Le Cavalier (B. 6).
Très-belle épreuve.

**1761** — Le Palefrenier (B. 7).
Très-belle épreuve.

### NOORDT (J. VAN)

**1762** — Un Troupeau composé de béliers, boucs et chèvres, deux bœufs et un chien, d'après P. de Laer.
Superbe épreuve.

1763 — Un Paysage avec ruines, un Homme et une Femme
qui marchent ensemble, d'après Lasteman.
Superbe épreuve.

### NOLPE (Peter)

1764 — Cavalcade des Bourgeois d'Amsterdam pour la ré-
ception de Marie de Médicis dans cette ville. Grande
pièce gravée en sept feuilles.
Très-belles épreuves.

1765 — Représentation de la marche d'Henriette-Marie,
reine de la Grande-Bretagne, accompagnée de l'élite
de la cavalerie commandée par les Bourgmestres
visitant Amsterdam, le 20 mai 1842, d'après Pieter
Potter. Grande estampe en trois feuilles.
Très-belle épreuve. Très-rare.

### OLMUTZ (Wenceslas d')

1766 — Le Portément de croix (B. 11). Très-rare.
Ancienne épreuve.

1767 — La Cène (B. 161). Très-rare.
Belle épreuve.

1768 — Saint Sébastien (B. 30).
Belle épreuve.

1769 — Le Groupe de quatre Femmes nues (B. 51).
Ancienne épreuve.

### OSSENBEECK (J.)

1770 — La Caffarelle (B. 25).
Très-belle épreuve du 1ᵉʳ état, avant que la planche ait été coupée.

1771 — La même estampe.
Belle épreuve de la planche réduite.

### OSTADE (Adrien van)

1772 — Le Vielleur (B. 8).
Superbe épreuve, avec la bordure faible.

1773 — La Famille (B. 46).
Superbe épreuve du 1er état, à l'eau-forte pure ; avec la bordure faible.

### PASSE (CRISPIN DE)

1774. — Suzanne et les Vieillards, d'après H. Goltzius.
Très-belle épreuve.

1775 — Les sept Vertus opposées aux sept Péchés capitaux. Suite de sept estampes.
Très-belles épreuves.

1776 — Différents emblèmes. Suite de dix petites pièces de forme ronde représentant des costumes d'hommes et femmes du XVIe siècle.
Superbes épreuves.

### PASSE (MADELAINE VAN)

1777 — Les quatre Saisons représentées par des figures d'hommes et femmes, d'après C. de Passe.
Très-belles épreuves.

### PAVON

1778 — La Transfiguration, d'après Raphaël.
Très-belle épreuve avant la lettre.

1779 — La Vierge au Donataire de Foligno, d'après Raphaël.
Très-belle épreuve avant la lettre.

### PENTCZ (GEORGES)

1780 — L'Histoire d'Abraham (B. 1, 2, 3 et 5). Quatre estampes.
Très-belles épreuves.

1781 — Job (B. 7).
Belle épreuve.

1782 — Esther devant Assuérus (B. 8).
Superbe épreuve.

1783 — L'Histoire de Joseph. Suite de quatre estampes (B. 9-12).
Superbes épreuves.

1784 — L'Histoire de Tobie (B. 13, 14, 15, 16, 18 et 19). Six estampes.
Très-belles épreuves.

1785 — Différents sujets de l'Ancien Testament. Suite de dix estampes (B. 20-29). Il manque le n° 26, Suzanne au bain.
Très-belles épreuves, excepté le n° 29, qui est faible.

1786 — La Vie de Jésus-Christ. Suite de vingt-six petites estampes (B. 20-54).
Plusieurs sont fort belles.

1787 — La Femme adultère (B. 55).
Superbe épreuve.

1788 — Jésus-Christ entouré des petits Enfants (B. 56).
Belle épreuve.

1789 — Jésus-Christ à la croix, 1547 (B. 57).
Très-belle épreuve.

1790 — Les sept OEuvres de miséricorde. Suite de sept estampes de forme ronde (B. 58-64).
Très-belles épreuves, excepté le n° 59, qui est faible.

1791 — Deux sujets de la Parabole du mauvais riche (B. 66 et 67).
Très-belles épreuves.

1792 — Le bon Samaritain (B. 68).
Belle épreuve.

1793 — La Conversion de saint Paul (B. 69).
Très-belle épreuve.

1794 — Quatre sujets de la Fable. Suite de quatre estampes (B. 70-73).
Très-belles épreuves.

1795 — Les quatre sujets de l'Histoire romaine en hauteur. Suite de quatre estampes (B. 74-77).
Belles épreuves.

1796 — Les quatre sujets de l'Histoire romaine en largeur. Suite de quatre estampes (B. 78-81).
Très-belles épreuves.

1797 — Sophonisbe (B. 82).
Belle épreuve.

1798 — Arthémise (B. 83).
Très-belle épreuve.

1799 — Virginius tuant sa fille (B. 84).
Très-belle épreuve.

1800 — Didon s'enfonçant un poignard dans le sein (B. 84).
Belle épreuve.

1801 — La prise de Carthage, d'après J. Romain, 1539 (B. 86).
Très-belle épreuve du 1er état, avant l'adresse de Salamanca.

1802 — Le poëte Virgile exposé dans un panier. — La Courtisane qui lui avait fait insulte (B. 87 et 88). Deux estampes.
Très-belles épreuves.

1803 — Le Jugement de Pâris (B. 89).
Bonne épreuve.

1804 — Diane au bain (B. 91).
Bonne épreuve.

1805 — Triomphe de Bacchus (B. 92).
Très-belle épreuve.

1806 — Triton enlevant Amymone (B. 93).
Très-belle épreuve.

1807 — La Rivière passée à gué (B. 94).
Très-belle épreuve.

1808 — Le Juge (B. 95).
Superbe épreuve

1809 — La Femme à la harpe (B. 96). Pièce de forme ronde.
Très-belle épreuve.

1810 — Le Mari subjugué (B. 97).
Bonne épreuve.

1811 — Les sept Péchés mortels (B. 98-104). Suite de sept estampes; il manque le n° 100, la Paresse.
Très-belles épreuves.

1812 — Les cinq Sens. Suite de cinq estampes (B. 105-109).
Très-belles épreuves.

1813 — Les sept Arts libéraux. Suite de sept estampes (B. 110-116).
Superbes épreuves.

1814 — Les six Triomphes décrits par Pétrarque. Suite de six estampes (B. 117-122).
Superbes épreuves.

1815 — Deux compositions d'Ornements (B. 123 et 124).
Très-belles épreuves.

1816 — Portrait de Jean-Frédéric, électeur de Saxe, surnommé le Magnanime (B. 126).
Belle épreuve.

### PESNE (Antoine)

1817 — L'Évanouissement d'Esther, d'après le Poussin (R. D. 14).
Très-belle épreuve du 1ᵉʳ état, dite au *talon blanc*, avant l'adresse de Vallet. Rare.

### PETHER

1818 — Jeune Femme en costume de bergère, d'après Rubens.
Superbe épreuve.

### PIGEOT et LACOUR

1819 — Le Ménage hollandais, d'après G. Dow.
Très-belle épreuve avant la lettre, sur papier de Chine.

### PITAU (Nicolas)

1820 — Alexandre VII, souverain Pontife, d'après Mignard.
Très-belle épreuve.

1821 — Louis Habert de Montmort, conseiller d'Etat, d'après
Ph. de Champaigne.
Très-belle épreuve.

1822 — Portrait d'un Cardinal assis, d'après P. Brant.
Très-belle épreuve.

### PLATE-MONTAGNE (N. de)

1823 — La Sainte Face, d'après Ph. de Champaigne (R.
D. 10).
Très-belle épreuve.

1824 — François I<sup>er</sup>, roi de France, d'après Janet (R. D. 23).
Superbe épreuve.

1825 — Le même personnage.
Superbe épreuve.

1826 — Marie de Médicis, reine de France, d'après Porbus
(R. D. 25).
Très-belle épreuve.

### POILLY (François de)

1827 — La Vierge au berceau, d'après Raphaël.
Superbe épreuve avant les deux lignes de dédicace à Jean-Antoine de
Mesmes, et avec ses armes, qui plus tard ont été changées. Elle est
signée P. Mariette, 1667. Très-rare de cette beauté.

1828 — Lamoignon (Guillaume de), premier président au
Parlement, d'après C. Lebrun. Buste fort comme
nature.
Très-belle épreuve.

1829 — Lamoignon (Guillaume de), dans un ovale posé sur
une console et entouré de trois figures de femmes,
d'après Mignard.
Très-belle épreuve.

1830 — Le Tellier (Michel), Ministre d'État.
Superbe épreuve.

1831 — Louis XIV, jeune, dans un médaillon, d'après
P. Mignard.
Très-belle épreuve.

1832 — Louis XIV, dans un médaillon orné de feuillages
et de fleurs, et surmonté de la couronne royale, d'après
Mignard.
Très-belle épreuve.

1833 — Louis XIV, dans un médaillon entouré de Génies et
posé sur une console; sur la face, se voit une assemblée des États, d'après P. Mignard.
Très-belle épreuve.

1834 — Marie-Thérèse, reine de France, femme de
Louis XIV, d'après Beaubrun. Buste fort comme
nature.
Superbe épreuve. Très-rare.

### POLLAJUOLO (Antoine)

1835 — Les Gladiateurs (B. 2).
Superbe épreuve. Rare.

### PONTIUS (Paul)

1836 — Jésus-Christ mort, soutenu par la Vierge, d'après
Van Dyck.
Belle épreuve.

1837 — Sainte Rosalie couronnée par l'Enfant Jésus, d'après
Van Dyck.
Belle épreuve.

1838 — Sainte Famille, d'après J. Van Hoeck.
Très-belle épreuve.

1839 — L'Adoration des Mages, d'après Gérard Seghers.
Superbe épreuve.

1840 — Jean de Heem, d'après J. Livens.
Très-belle épreuve, avec l'adresse de Martin Vanden Enden.

1841 — Henri, comte de Berghe, à mi-corps, d'après Van Dyck.

Très-belle épreuve. Elle est signée au verso : *P. Mariette, 1670.*

1342 — Marius A. Capellus, évêque d'Anvers, d'après Diepenbecke.

Très-belle épreuve.

1843 — Gaspard de Gusman, comte d'Olivarès, duc de Sanlucar, dans un ovale entouré de trophées et soutenu par deux Génies. Le portrait est d'après Velasquez et l'encadrement d'après Rubens.

Superbe épreuve du 1er état, avec la barbe courte et avant plusieurs travaux sur le vêtement du personnage.

1843 *bis* — Le même portrait.

Superbe épreuve, avec la barbe allongée et avec les travaux ajoutés.

1844 — Léopold, empereur d'Autriche, vu jusqu'aux genoux, d'après Fr. Luycz.

Très-belle épreuve.

1845 — Frédéric-Henri de Nassau, prince d'Orange, d'après Van Dyck.

Très-belle épreuve.

1846 — Jacques Roelans, d'après Willebords.

Superbe épreuve avant toutes lettres.

1847 — Pierre-Paul Rubens, d'après lui-même.

Très-belle épreuve.

1848 — Nicolas Rockox, d'après Rubens.

Très-belle épreuve.

## POTTER (Paul)

1849 — Différents Bœufs et Vaches. Suite de huit estampes (B. 1-8).

Très-belles épreuves avec les numéros; le premier morceau est sans aucune adresse.

1850 — Différents Chevaux. Suite de cinq estampes (B. 9-18).

Superbes épreuves de la même égalité de tirage. Extrêmement rares.

**PRIMATICE** (François)

1851 — Les deux Femmes romaines. Seule estampe gravée par ce maître (B. 1).
Superbe épreuve.

**RAIMONDI** (Marc-Antoine)

1852 — Adam et Ève, d'après Raphaël (B. 1).
Très-belle épreuve. Rare.

1853 — La même estampe.
Copie gravée dans le sens de l'original, portant sur une tablette l'inscription Michel-Angel, et le monogramme N. F. décrit par Passavent. Très-rare.

1854 — Dieu ordonnant à Noé de bâtir l'arche, d'après Raphaël (B. 3).
Très-belle épreuve. Très-rare.

1855 — Le Sacrifice de Noé, d'après Raphaël, par Marc de Ravenne (B. 4).
Très-belle épreuve.

1856 — Le Sacrifice d'Abraham, par A. Vénitien, d'après Raphaël (B. 5).
Superbe épreuve ; elle a une petite marge.

1857 — Isaac bénissant Jacob, par A. Vénitien, d'après Raphaël (B. 6).
Bonne épreuve.

1858 — La Manne, par A. Vénitien, d'après Raphaël (B. 8).
Très-belle épreuve.

1859 — Joseph et la femme de Putiphar, d'après Raphaël (B. 9).
Superbe épreuve.

1860 — David coupant la tête à Goliath, d'après Raphaël (B. 10),
Superbe épreuve.

1861 — David vainqueur de Goliath, d'après Raphaël — (B. 11).
Très-belle épreuve. Rare.

**1862** — David vainqueur de Goliath, probablement d'après Fr. Francia (B. 12).
Très-belle épreuve.

**1863** — La Nativité, par A. Vénitien, d'après J. Romain (B. 17).
Belle épreuve.

**1864** — Le Massacre des Innocents, d'après Raphaël (B. 18). Première planche dite au *chicot*.
Belle épreuve, mais doublée.

**1865** — Le Massacre des Innocents (B. 20). Seconde planche.
Superbe épreuve.

**1866** — Le Massacre des Innocents, d'après B. Bandinelli (B. 21).
Très-belle épreuve.

**1867** — Jésus-Christ à table chez Simon le Pharisien, d'après Raphaël (B. 23).
Très-belle épreuve du 1er état avant le pavé carrelé.

**1668** — La Cène, par Marc de Ravenne, d'après Raphaël (B. 27).
Très-belle épreuve.

**1869** — Les trois Saintes Femmes allant visiter le Saint Sépulcre. d'après Michel-Ange (B. 33).
Très-belle épreuve.

**1870** — La Vierge pleurant sur le corps mort de Jésus-Christ (B. 35).
Superbe épreuve.

**1871** — Jésus-Christ dans le tombeau, d'après Raphaël (B. 36).
Très-belle épreuve. Très-rare.

**1872** — Les Maries pleurant le corps mort de Jésus-Christ. d'après Raphaël, par A. Venitien (B. 39).
Très-belle épreuve.

**1873** — Ananie frappé de mort, d'après Raphaël, par A. Vénitien (B. 42).
Très-belle épreuve.

1874 — Saint Paul prêchant à Athènes, d'après Raphaël (B. 44).
Superbe épreuve. Rare de cette beauté.

1875 — Notre-Dame à l'escalier, d'après Raphaël (B. 45).
Superbe épreuve.

1877 — La Vierge couronnée par un Ange, d'après Raphaël, par A. Vénitien (B. 49).
Très-belle épreuve. Rare.

1877 — La Vierge, l'Enfant Jésus, le petit saint Jean et deux Anges (B. 51).
Copie en contre-partie non décrite.

1878 — La Vierge assise sur des nues, d'après Raphaël (B. 52).
Très-belle épreuve.

1879 — La Vierge au poisson, d'après Raphaël (B. 54).
Très-belle épreuve.

1880 — Saint Joseph et un saint Évêque au bas de l'autel de la Vierge (B. 55).
Belle épreuve.

1881 — La Vierge couronnée par Jésus-Christ, d'après Raphaël (B. 56).
Très-belle épreuve.

1882 — La Vierge à la longue cuisse, d'après Raphaël (B. 57).
Très-belle épreuve.

1883 — La Vierge au palmier, d'après Raphaël (B. 62)-
Superbe épreuve de la plus grande rareté.

1883 bis — Le même sujet.
Copie que Bartsch attribue à Marc de Ravenne.

1884 — La Vierge au berceau, d'après Raphaël (B. 63).
Superbe épreuve. Rare.

1885 — Saint Georges, gravé dans la première manière du maître (B. 98).
Très-belle épreuve.

1886 — Saint Jérôme au petit lion, d'après Raphaël, par
A. Vénitien (B. 103).
Belle épreuve.

1887 — Le Martyre de Saint-Laurent, d'après Baccio Bandinelli (B. 104).
Superbe épreuve.

1888 — Saint Michel, d'après Raphaël, par Marc de Ravenne (R. 106).
Très-belle épreuve.

1889 — Jésus-Christ rayonnant de gloire, assis sur des
nuages. Pièce connue sous le nom des *Cinq Saints*,
d'après Raphaël (R. 113).
Magnifique épreuve. Très-rare de cette beauté.

1890 — L'Apôtre et le Cordelier, par A. Vénitien (B. 114).
Belle épreuve.

1891 — Sainte Cécile, d'après Raphaël (B. 116).
Très-belle épreuve.

1892 — Le Martyre de sainte Félicité, d'après Raphaël
(B. 117).
Très-belle épreuve.

1893 — Saint Barthélemy (B. 130).
Très-belle épreuve.

1894 — Saint Lazare (B. 159).
Très-belle épreuve.

1895 — Saint Roch (B. 164).
Belle épreuve.

1896 — Titus et Vespasien (B. 188).
Superbe épreuve avant l'adresse de Salamanca.

1897 — Scipion l'Africain (B. 189).
Superbe épreuve avant l'adresse de Salamanca.

1898 — Iphigénie, par A. Vénitien, d'après un dessin que
l'on croit être de Bandinelli (B. 194).
Très-belle épreuve.

1899 — L'Empereur rencontrant le Guerrier, d'après Raphaël, par A. Vénitien (B. 196).
Très-belle épreuve.

1900 — Cléopâtre, d'après Raphaël (B. 199).
Très-belle épreuve.

1901 — Alexandre faisant serrer les livres d'Homère, d'après Raphaël (B. 207).
Très-belle épreuve.

1902 — Le Triomphe, d'après André Mantegna (B. 213).
Superbe épreuve. Cette estampe est une des plus rares de l'œuvre du maître.

1903 — Danse d'Amours, d'après Raphaël (B. 217).
Magnifique épreuve de la copie A. de Bartsch, qui est reconnue par les amateurs comme une répétition par M. Antoine.

1904 — Deux Faunes portant un enfant, d'après un bas-relief antique (B. 230).
Superbe épreuve.

1905 — Le Jugement de Pâris, d'après Raphaël (B. 245).
Très-belle épreuve.

1906 — Le Parnasse, d'après Raphaël (B. 247).
Superbe épreuve.

1907 — La Bacchanale, d'après un bas-relief antique (B. 249).
Très-belle épreuve de cette pièce que Bartsch indique comme très-rare.

1908 — Muse, d'après Raphaël (B. 268).
Très-belle épreuve.

1909 — Autre Muse (B. 269).
Très-belle épreuve.

1910 — Vénus et l'Amour, d'après Raphaël, par A. Vénitien (B. 286).
Superbe épreuve avant que les montagnes qui s'élèvent au delà de la ville aient été ombrées par quelques points.

1911 — Le jeune et le vieux Bacchant, d'après Raphaël (B. 294).
Très-belle épreuve.

1912 — Orphée et Eurydice. Gravé dans la première manière du maître (B. 295).
Très-belle épreuve.

1913 — Vénus sortie du bain, d'après Raphaël (B. 297).
Très-belle épreuve. Collection J. Gotlob.

1914 — La Vendange, d'après Raphaël (B. 306).
Très-belle épreuve.

1915 — Bacchus, d'après une statue antique (B. 308).
Très-belle épreuve. Rare.

1916 — Vénus et l'Amour, d'après J. Romain, par A. Vénitien (318).
Très-belle épreuve.

1917 — L'Amour et les trois enfants. Gravé dans la première manière du maître (B. 320).
Superbe épreuve. Très-rare.

1918 — Vulcain, Vénus et l'Amour. Gravé dans les premières manières du maître (B. 326).
Bonne épreuve. Rare.

1919 — Statue d'Apollon dans une niche. Gravé dans la
première manière de Marc-Antoine (B. 332).
Pièce rare. Belle épreuve.

1920 — Apollon debout, d'après Raphaël (B. 335).
Très-belle épreuve.

1921 — Pallas, d'après Raphaël ou J. Romain (B. 337).
Très-belle épreuve.

1922 — Les Amours de Jupiter et de Semelé, d'après J. Romain (B. 338).
Belle épreuve.

1923 — Les trois Grâces, d'après un bas-relief antique (B.
340).
Superbe épreuve.

1924 — Les Angles de la galerie de Ghigi, d'après Raphaël,
Suite de trois estampes : Jupiter embrassant l'Amour,
Mercure descendu du ciel pour chercher Psyché, Cu-
pidon et les trois Grâces (B. 342-344).
Très-belles épreuves.

11

1925 — Hercule étouffant Anthée, d'après Raphaël (B. 346).
Magnifique épreuve.

1926 — Le Triomphe de Galathée, d'après Raphaël (B. 350).
Très-belle épreuve.

1927 — Le Quos ego, d'après Raphaël (B. 352).
Très-belle épreuve du 1ᵉʳ état, avant la retouche et l'adresse de *Ant. Salamanca*. Extrêmement rare.

1928 — Amadée, d'après Fr. Francia (B. 355).
Belle épreuve sans la bordure.

1929 — Le Songe de Raphaël, probablement d'après lui (B. 359).
Bonne épreuve.

1930 — Le jeune Homme au brandon (B. 360). Gravé dans la première manière du maître.
Bonne épreuve.

1931 — Trajan entre la ville de Rome et la Victoire, d'après un bas-relief (B. 361).
Magnifique épreuve. Très-rare.

1932 — Un Homme fouettant la Fortune. Gravé dans les premières manières du maître (B. 378).
Superbe épreuve. Extrêmement rare.

1933 — La Pureté, d'après Raphaël, par A. Vénitien (B. 379).
Belle épreuve.

1934 — La Poésie, d'après Raphaël (B. 382).
Très-belle épreuve. Rare.

1935 — Le Jeune homme à la lanterne, d'après Raphaël (B. 384).
Bonne épreuve. Très-rare.

1936 — Les sept Vertus, d'après Raphaël. Suite de sept estampes (B. 386-392).
Belles épreuves.

1937 — La Paix (B. 394).
Très-belle épreuve. Rare.

**1938** — Le Serpent parlant à un jeune homme. Gravé dans les premières manières du maître (B. 396).
Belle épreuve. Rare.

**1939** — Le Joueur de violon entouré de trois femmes nues, d'après André Mantegna (B. 398).
Bonne épreuve. Rare.

**1940** — Les trois Docteurs, d'après un dessin vraisemblablement du maître (B. 404).
Superbe épreuve. Très-rare.

**1941** — La Peste, d'après Raphaël (B. 417).
Magnifique épreuve.

**1942** — La Bataille, d'après Raphaël ou J. Romain, par Marc de Ravenne (B. 420).
Très-belle épreuve.

**1943** — La Carcasse, d'après Raphaël (B. 426).
Très-belle épreuve avant les initiales A. V. sur le cornet du garçon qui se voit au devant de la gauche.

**1944** — La jeune Mère s'entretenant avec deux hommes, d'après Fr. Francia (B. 432).
Très-belle épreuve.

**1945** — L'Homme à genoux à la lisière d'un bois (B. 434).
Très-belle épreuve.

**1946** — L'Homme endormi à l'entrée d'un bois, d'après Fr. Francia (B. 438).
Très-belle épreuve.

**1947** — Un Empereur assis, d'après Raphaël (B. 441).
Très-belle épreuve.

**1948** — Le Paysan et la Femme aux œufs, d'après Raphaël, par A. Vénitien (B. 453).
Très-belle épreuve.

**1949** — Le Joueur de guitare, d'après Fr. Francia (B. 469).
Très-belle épreuve.

**1950** — La Barque, d'après Raphaël, par A. Vénitien (B. 473).
Superbe épreuve.

**1951** — Femme assise près d'un vase. (B. 475).
Très-belle épreuve.

**1952** — Angélique et Médor, d'après J. Romain (B. 484).
Belle épreuve avant l'adresse de Ant. Salamanca.

**1953** — Les Grimpeurs, d'après Michel-Ange (B. 487).
Très-belle épreuve. Très-rare.

**1954** — La Cassolette, d'après Raphaël (B. 489).
Très-belle épreuve.

**1955** — Statue équestre de Marc-Aurèle (B. 514).
Belle épreuve.

### REGNESSON (N). 1656

**1956** — Le Cardinal Mazarin, en buste, dans un octogone
orné de feuilles de chêne.
Très-belle épreuve.

### REVERDINO (G.)

**1957** — Saint Pierre marchant sur les ondes, d'après Perino
del Vaga (B. 6).
Superbe épreuve.

**1958** — Le Jugement universel (B. 15). Pièce de forme
ronde.
Très-belle épreuve.

### REMBRANDT (Van Rhyn)

**1959** — Portrait de Rembrandt aux cheveux crépus (B. 1).
Claussin, 1. Charles Blanc, 204.
Très-belle épreuve.

**1960** — Portrait de Rembrandt aux trois moustaches (B. 2).
Cl. 2. C. B. 208.
Superbe épreuve ; elle a une petite marge. Très-rare de cette qualité.

**1961** — Portrait de Rembrandt avec le bonnet fourré et
l'habit noir (B. 6). Cl. 6. C. B. 210.
Superbe épreuve.

**1962** — Portrait de Rembrandt aux cheveux hérissés (B. 8).
Cl. 8. C. B. 212.
Très-belle épreuve.

✗ 1963 — Portrait de Rembrandt faisant la moue (B. 10). Cl. 10. C. B. 214.
Très-belle épreuve.

✗ 1964 — Portrait de Rembrandt à bonnet et robe fourrés (B. 14). Cl. 14. C. B. 225.
Superbe épreuve.

✗ 1965 — Portrait de Rembrandt au manteau avec le collet pendant (B. 15). Cl. 15. C. B. 222.
Superbe épreuve.

✗ 1966 — Portrait de Rembrandt au bonnet rond et fourré (B. 16). Cl. 16. C. B. 223.
Magnifique épreuve.

1967 — Portrait de Rembrandt avec une écharpe autour du cou (B. 17). Cl. 17. C. B. 229.
Très-belle épreuve.

1968 — Portrait de Rembrandt tenant un sabre (B. 18). Cl. 18. C. B. 231.
Superbe épreuve.

✗ 1969 — Portrait de Rembrandt et sa femme (B. 19). Cl. 19. C. B. 203.
Superbe épreuve.

✗ 1970 — Portrait de Rembrandt au bonnet orné d'une plume (B. 20). Cl. 20. C. B. 233.
Très-belle épreuve.

+ 1971 — Portrait de Rembrandt appuyé (B. 21). Cl. 21. Ce portrait est le plus beau du maître. C. B. 234.
Très-belle épreuve.

✗ 1972 — Portrait de Rembrandt dessinant (B. 22). Cl. 22. C. B. 235.
Magnifique épreuve avant le paysage, avec la main droite et la manchette de la gauche en blanc. Extrêmement rare.

1973 — Le même portrait.
Superbe épreuve avec le paysage, tirée sur papier du Japon.

1974 — Portrait de Rembrandt en ovale (B. 23). Cl. 23. C. B. 232.

Superbe épreuve du 2<sup>e</sup> état, de la planche coupée dans une forme ovale, avec quatre oreilles aux extrémités de l'ovale. On ne connaît que quatre épreuves du 1<sup>er</sup> état. Très-rare.

1975 — Le même portrait.

Très-belle épreuve du 3<sup>e</sup> état.

1976 — Portrait de Rembrandt au bonnet fourré et habit blanc (B. 24). Cl. 24. C. B. 226.

Très-belle épreuve.

1977 — Portrait de Rembrandt aux cheveux courts et frisés (B. 26). Cl. 26. C. B. 216.

Très-belle épreuve du 1<sup>er</sup> état, avant le nom du maître.

1978 — Le même portrait.

Belle épreuve avec le nom.

1979 — Portrait de Rembrandt sur une planche haute et étroite. Morceau inconnu à Bartsch (Cl. 32). C. B. 228.

Très-belle épreuve tirée sur papier du Japon Ce morceau, provenant de la collection J. Barnard, est l'épreuve d'après laquelle Claussin a donné sa description. De la dernière rareté.

1980 — Adam et Ève (B. 28). Cl. 34. C. B. 1.

Très-belle épreuve du 1<sup>er</sup> état, avec un reflet de lumière au haut du dedans de la cuisse droite d'Ève.

1981 — Abraham qui reçoit les trois anges (B. 29). Cl. 35. C. B. 2.

Superbe épreuve.

1982 — Agar renvoyée par Abraham (B. 30). Cl. 37. C. B. 3.

Très-belle épreuve.

1983 — Abraham caressant Isaac (B. 33). Cl. 38, C. B, 4.

Superbe épreuve.

1984 — Abraham avec son fils Isaac (B. 34). Cl. 39. C. B. 5.

Superbe épreuve, avec le trait entourant la planche irrégulier et raboteux.

1985 — Le Sacrifice d'Abraham (B. 35). Cl. 36. C. B. 6.

Très-belle épreuve.

1986 — Quatre sujets pour un livre espagnol : L'Échelle de Jacob, le Combat de David contre Goliath, la Statue de Nabuchodonosor, la Vision d'Ezéchiel (B. 36). Cl. 40. C B. 8.

Superbes épreuves du 1ᵉʳ état, tirées sur vélin. Extrêmement rare.

1987 — Les mêmes sujets.

Très-belles épreuves du 2ᵉ état.

1988 — La Statue de Nabuchodonosor.

Très-belle épreuve du 3ᵉ état.

1989 — Joseph racontant ses songes à sa famille (B. 37). Cl. 41. C. B. 9.

Magnifique épreuve du 1ᵉʳ état avant que le visage et le turban de Joseph, qui est derrière lui, aient été ombrés, et avant des travaux sur le rideau du lit, le battant de la porte et au vêtement de Jacob. Fort rare.

1990 — La même estampe.

Très-belle épreuve.

1991 — Jacob pleurant la mort de son fils Joseph (B. 38). Cl. 42. C. B. 10.

Très-belle épreuve.

1992 — Joseph et la femme de Putiphar (B. 39). Cl. 43. C. B. 11.

Superbe épreuve.

1993 — Le Triomphe de Mardochée (B. 40). Cl. 44. C. B. 12.

Superbe épreuve fort chargée de barbes.

1994 — L'Ange qui disparaît devant la famille de Tobie (B. 43). Cl. 47. C. B. 16.

Très-belle épreuve avant les travaux à la pointe sèche, à la gauche d'en bas.

1995 — L'Annonciation aux bergers (B. 44). Cl. 48. C. B. 17.

Très-belle épreuve.

1996 — L'Adoration des bergers (B. 46). Cl. 50. C. B. 19.

Superbe épreuve tirée sur papier du Japon.

1997 — La Circoncision (B. 48). Cl. 52. C. B. 21.
Très-belle épreuve.

1998 — Présentation au temple (B. 51). Cl. 55. C. B. 24.
Très-belle épreuve.

1999 — Fuite en Égypte (B. 52). Cl. 56. C. B. 25.
Superbe épreuve du 1ᵉʳ état, avec le fond de la planche sale.

2000 — Fuite en Égypte (B. 53). Cl. 57. C. B. 26.
Très-belle épreuve.

2001 — La Fuite en Égypte (B. 56). Cl. 60. C. B. 29.
Très-belle épreuve.

2002 — Repos en Égypte (B. 58). Cl. 62. C. B. 31.
Très-belle épreuve. Rare.

2003 — La Vierge avec l'Enfant Jésus sur des nuages (B.
61). Cl. 65. C. B. 32.
Très-belle épreuve.

2004 — Jésus-Christ disputant avec les docteurs de la loi
(B. 65). Cl. 69. C. B. 36.
Très-belle épreuve du 1ᵉʳ état.

2005 — Jésus-Christ prêchant, ou la Petite Tombe (B. 67).
Cl. 71. C. B. 39.
Superbe épreuve tirée sur papier de Chine, avant que les travaux à la
pointe sèche aient été ébarbés; l'homme, coiffé d'un turban, debout sur le
devant, à la gauche de l'estampe, a le bras droit et le vêtement fort pous-
sés au noir.

2006 — Jésus-Christ chassant les vendeurs du Temple (B.
69). Cl. 73. C. B. 44.
Très-belle épreuve du 1ᵉʳ état.

2007 — La Samaritaine (B. 71). Cl. 75. C. B. 46.
Très-belle épreuve.

2008 — Petite Résurrection de Lazare (B. 72). Cl. 76. C.
B. 47.
Très-belle épreuve.

2009 — Grande Résurrection de Lazare (B. 73). Cl. 77. C.
B. 48.
Belle et ancienne épreuve.

2010 — Jésus-Christ guérissant les malades, dite la pièce de Cent florins (B. 74). Cl. 78. C. B. 49.

Magnifique épreuve du 1er état de Bartsch, d'un ton velouté, d'une fraîcheur remarquable, et avec une petite marge. Très-rare à rencontrer de cette qualité.

2011 — Jésus-Christ dans le Jardin des Oliviers (B. 75). Cl. 79. C. B. 50.

Très-belle épreuve.

2012 — Jésus-Christ présenté au peuple (B. 76). Cl. 80. Ch. B. 52.

Très-belle épreuve d'un état intermédiaire entre le 2e et le 3e décrits, avant le nom de Rembrandt sur la balustrade au-dessus de la fenêtre, à la droite de l'estampe.

2013 — Ecce Homo (B. 77). Cl. 82. C. B. 52.

Superbe épreuve du 3e état.

2014 — Les trois Croix (B. 78). Cl. 81. C. B. 53.

Très-belle épreuve du 3e état.

2015 — Jésus-Christ en croix entre les deux larrons (B. 79). Cl. 84. C. B. 54.

Superbe épreuve; elle a une petite marge.

2016 — Jésus-Christ en croix (B. 80). Cl. 85. C. B. 55.

Première et rare épreuve avec le fond de la planche sale.

2017 — La même estampe.

Très-belle épreuve avec une teinte en manière noire. Très-rare.

2018 — La grande Descente de croix (B. 81). Cl. 83. C. B. 56.

Magnifique épreuve probablement avant l'adresse de Hendricus Ulenburgensis, mais dont on ne peut constater l'état, ayant été rognée au trait carré.

2019 — Descente de croix (82). Cl. 86. C. B. 57.

Superbe épreuve d'une estampe qu'on trouve habituellement faible.

2020 — Autre Descente de croix, au flambeau (B. 83). Cl. 87. C. B. 58.

Très-belle épreuve.

2021 — Le Transport de Jésus-Christ au tombeau (B. 84). Cl. 88. C. B. 60.
Très-belle épreuve.

2022 — Jésus-Christ au tombeau (B. 86). Cl. 90. C. B. 61.
Très-belle épreuve d'un ton très-noir.

2023 — La même estampe.
Très-belle épreuve d'un ton plus clair.

2024 — Les Disciples d'Emmaüs (B. 87). Cl. 91. C. B. 63.
Très-belle épreuve.

2025 — Les petits Disciples d'Emmaüs (B. 88). Cl. 92. C. B. 62.
Très-belle épreuve.

2026 — Le bon Samaritain (B. 90). Cl. 94 C. B. 41.
Très-belle épreuve.

2027 — Le Retour de l'Enfant prodigue (B. 61). Cl. 95. C. B. 43.
Très-belle épreuve.

2028 — Pierre et Jean à la porte du Temple (B. 94). Cl. 97. C. B. 66.
Très-belle épreuve du 2e état.

2029 — Saint Pierre (B. 95). Cl. 99. C. B. 67.
Superbe épreuve. Rare.

2030 — La Mort de la Vierge (B. 99). Cl. 102. C. B. 70.
Belle épreuve.

2031 — Saint Jérôme (B. 100). Cl. 103. C. B. 71.
Très-belle épreuve.

2032 — Saint Jérôme (B. 103). Cl. 106. C. B. 74.
Superbe épreuve.

2033 — Saint Jérôme (B. 104). Cl. 107. C. B. 75.
Première et superbe épreuve tirée sur papier du Japon. Très-rare en cet état.

2034 — Saint Jérôme (B. 105). Cl. 108. C. B. 76.
Très-belle épreuve du 1er état.

**2035** — Saint François à genoux (B. 107). Cl. 110. C. B. 78.
Très-belle épreuve.

**2036** — L'Heure de la mort (B. 108).
Très-belle épreuve.

**2037** — La Jeunesse surprise par la Mort (B. 109). Cl. 111. C. B. 79.
Très-belle épreuve. Rare.

**2038** — Le Tombeau allégorique (B. 110). Cl. 112 C. B. 80.
Très-belle épreuve. Extrêmement rare.

**2039** — La Fortune contraire (B. 111). Cl. 113. C. B. 81.
Très-belle épreuve ; elle a une petite marge.

**2040** — La Médée ou le mariage de Jason et de Creuse (B. 112). Cl. 114. C. B. 82.
Très-belle épreuve du 3e état.

**2041** — Chasse aux lions (B. 114). Cl. 116. C. B. 86.
Très-belle épreuve.

**2042** — Chasse aux lions (B. 115). Cl. 117. C. B. 87.
Très-belle épreuve.

**2043** — Chasse aux lions (B. 116). Cl. 118. C. B. 88.
Très-belle épreuve.

**2044** — Sujet de bataille (B. 117). Cl. 119. C. B. 89.
Très-belle épreuve du 2e état, avec le fond sale. Rare.

**2045** — La petite Bohémienne espagnole (B 120). Cl. 122. C. B. 83.
Superbe épreuve ; elle a une petite marge. De la dernière rareté.

**2046** — Le petit Orfèvre (B. 123). Cl. 125. C. B. 94.
Très-belle épreuve.

**2047** — La Faiseuse de Kouks (B. 124). Cl. 126 C. B. 95.
Superbe épreuve.

2048 — La Coupeuse d'ongles (B. 127). Cl. supp., page 105, n° 3.
Très-belle épreuve.

2049 — Le Charlatan (B. 129). Cl. 130. C. B. 92.
Très-belle épreuve.

2050 — Paysan les mains derrière le dos (B. 135.) Cl. 135. C B. 103.
Très-belle épreuve.

2051 — Le Joueur de cartes (B. 136). Cl. 136. C. B. 104.
Première et superbe épreuve avant le raccord à l'angle supérieur de la droite.

2052 — Aveugle jouant du violon (B. 138). Cl. 137. C. B. 91.
Très-belle épreuve.

2053 — Homme à cheval (B. 139). Cl. 138. C. B. 106.
Très-belle épreuve.

2054 — Figure polonaise (B. 140). Cl. 139. C. B. 107.
Très-belle épreuve.

2057 — Polonais portant sabre et bâton (B. 141). Cl. 140. C. B. 118.
Très-belle épreuve.

2056 — Vieillard vu par le dos (B. 143). Cl. 142. C. B. 109.
Belle épreuve.

2057 — Paysan et paysanne marchant (B. 144). Cl. 143. C. B. 110.
Très-belle épreuve.

2058 — Philosophe en méditation (B. 147). Cl. 144. C. B. 111.
Estampe gravée d'une pointe légère. Rare.

2059 — Homme méditant (B. 148). Cl. 145. C. B. 112.
Très-belle épreuve.

X 2060 — Figure d'un vieillard à courte barbe (B. 151). Cl. 148. C. B. 115.

Très-belle épreuve.

X 2061 — Le Persan (B. 152). Cl. 149. C. B. 105.

Très-belle épreuve.

2062 — Le Cochon. (B. 157) Cl. 154. C. B. 350.

Superbe épreuve ; elle a une petite marge.

2063 — Le petit Chien endormi (B. 158). Cl. 155. C. B. 352.

Très-belle épreuve. Rare.

X 2064 — La Coquille (B. 159). Cl. 156. C. B. 353.

Superbe épreuve ; elle a une petite marge. Fort rare à rencontrer de cette beauté.

X 2065 — Gueux debout (B. 162). Cl. 159. C. B. 125.

Très-belle épreuve.

X 2066 — Gueux debout (B. 163). Cl. 160. C. B. 126.

Très-belle épreuve.

X 2067 — Gueux et Gueuses (B. 164). Cl. 161. C. B. 168.

Très-belle épreuve.

X 2068 — Deux Mendiants, homme et femme à côté d'une butte (B. 165). Cl. 162. C. B. 129.

Très-belle épreuve avant les travaux sur la manche gauche du manteau de l'homme et sur la joue de la femme.

X 2069 — La Femme à la calebasse (B. 168). Cl. 165, C. B. 132,

Très-belle épreuve.

X 2070 — Vieille Mendiante debout (B. 170). Cl. 167. C. B. 134.

Très-belle épreuve.

X 2071 — Paysan déguenillé, les mains derrière le dos ( B. 172). Cl. 169. C. B. 137.

Très-belle épreuve.

X 2072 — Gueux assis au bord d'un mur (B. 173). Cl. 170. C. B. 135.

Très-belle épreuve.

2073 — Gueux assis sur une motte de terre (B. 174). Cl. 171. C. B. 136.

Très-belle épreuve du 1er état, avant le nom du maître écrit en toutes lettres.

2074 — Mendiants à la porte d'une maison (B. 176). Cl. 173. C. B. 146.

Belle épreuve.

2075 — Deux Gueux en pendant (B. 177-178). Cl. 174-175. C. B. 140-141.

Superbes épreuves.

2076 — Gueux estropiés (B. 179). Cl. 176. C. B. 142.

Belle épreuve.

2077 — Le Moine dans le blé (B. 187). Cl. 184. C. B. 152.

Très-belle épreuve. Extrêmement rare.

2078 — Le Vieillard endormi (B. 189). Cl. 186. C. B. 154.

Superbe épreuve. Rare.

2079 — L'Homme qui pisse (B. 190). Cl. 187. C. B. 155.

Très-belle épreuve.

2080 — Le Dessinateur, d'après le modèle (B. 192. Cl. 189. C. B. 157.

Très-belle épreuve.

2081 — Homme nu assis (B. 193). Cl. 190. C. B. 158.

Très-belle épreuve.

2082 — Figures académiques d'hommes. (B. 194). Cl. 191. C. B. 159.

Très-belle épreuve.

2083 — Académie d'un homme assis à terre (B. 196). Cl. 193. C. B. 160.

Très-belle épreuve.

2084 — La Femme devant le poêle (B. 197). Cl. 194. C. B. 161.

Très-belle épreuve du 4e état.

2085 — Femme nue assise sur une butte (B. 198). Cl. 195. C. B. 162.

Très-belle épreuve.

2086 — Femme au bain (B. 196). Cl. 197. C. B. 163.

Superbe épreuve sur papier du Japon.

2087 — Femme nue les pieds dans l'eau (B. 200). Cl. 197. C. B. 164.

Très-belle épreuve tirée sur papier de soie.

2088 — Vénus au bain (B. 201). Cl. 198. C. B. 165.

Très-belle épreuve.

2089 — La Femme à la flèche ( B. 202 ). Cl. 199. C. B. 166.

Très-belle épreuve. Extrêmement rare.

2090 — Antiope et Jupiter en satyre (B. 203). Cl. 200. C. B. 167.

Belle épreuve du 1er état, avant l'inscription.

2091 — Femme nue dormant (B. 204). Cl. 201. C. B. 168.

Belle épreuve du 2e état.

2092 — Le grand arbre à côté de la maison (B. 207). Cl. 204. C. B. 310.

Très-belle épreuve. Morceau extrêmement rare.

2093 — Le pont de Six (B. 208). Cl. 205. C. B. 311.

Très-belle épreuve ; elle a une petite marge. Rare.

2094 — Vue d'Omval, près d'Amsterdam (B. 209). Cl. 206. C. B. 312.

Très-belle épreuve.

2095 — Vue ancienne d'Amsterdam (B. 210). Cl. 207. C. B. 313.

Superbe épreuve.

2096 — Le Chasseur (B. 211). Cl. 208. C. B. 314.

Très-belle épreuve.

2097 — Le Paysage aux trois arbres (B. 212). Cl. 209. C. B. 315.

Magnifique épreuve. Extrêmement rare à rencontrer d'une aussi parfaite condition.

2098 — L'Homme au lait (B. 21). Cl. 210. C. B. 310.
Très-belle épreuve. Fort rare.

2099 — Les deux Maisons avec le pignon pointu (B. 214).
Cl. 211. C. B. 317.
Très-belle copie, faite par Wilson, d'un morceau presque

2100 — Le Paysage aux trois chaumières (B. 217). Cl. 214.
C. B. 318.
Superbe épreuve du 3ᵉ état.

2101 — Le Paysage à la Tour carrée (B. 218). Cl. 215. C. B.
319.
Superbe épreuve.

2102 — Le Paysage au dessinateur (B. 219). Cl. 216. C. B.
320.
Très-belle épreuve.

2103 — Le Berger et sa Famille (B. 220). Cl. 217. C. B. 321.
Très-belle épreuve. Rare.

2104 — Le Bouquet de Bois (B. 222). Cl. 219. C. B. 323.
Superbe épreuve. Très-rare.

2105 — Le Paysage à la Tour (B. 223). Cl. 320 C. B. 324.
Magnifique épreuve; elle a une petite marge. Très-rare.

2106 — La Grange à foin (B. 224). Cl. 222. C. B. 334.
Très-belle épreuve; elle est rognée sur les deux côtés.

2107 — La Chaumière et la Grange à foin (B. 225). Cl. 222.
C. B. 327.
Superbe épreuve.

2108 — La Chaumière au grand Arbre (B. 226). Cl. 223.
C. B. 326.
Très-belle épreuve.

2109 — L'Obélisque (B. 227). Cl. 224. C. B. 328.
Très-belle épreuve.

2110 — La Barque à la voile (B. 228). Cl. 225. C. B. 329.
Très-belle épreuve.

2111 — L'Abreuvoir (B. 231). Cl. 228. C. B. 331.
Belle épreuve.

2112 — La Chaumière entourée de planches (B. 232). Cl. 229. C. B. 332.
Superbe épreuve : elle a une petite marge.

2113 — Le Moulin de Rembrandt (B. 233). Cl. 230. C. B. 333.
Très-belle épreuve.

2114 — La Campagne du Peseur d'or (B. 234). Cl. 231. C. B. 334.
Superbe épreuve.

2115 — Le Canal avec les Cygnes (B. 235). Cl. 232. C. B. 335.
Très-belle épreuve.

2116 — Le Paysage au Bateau (B. 236). Cl. 233. C. B. 336.
Très-belle épreuve.

2117 — L'Abreuvoir de la Vache (B. 237). Cl. 234. C. B. 337.
Belle épreuve.

2118 — Homme sous une Treille (B. 257). Cl. 254. C. B. 262.
Très-belle épreuve.

2119 — Jeune homme assis (B. 258). Cl. 255. C. B. 253.
Très-belle épreuve. Morceau de la plus grande rareté.

2120 — Vieillard portant la main à son bonnet (B. 259). Cl. 256. C. B. 268.
Belle épreuve. du 1er état, avant que le sujet ait été terminé par Schmidt.

2121 — Vieillard à grande barbe (B. 260). Cl. 257. C. B. 281.
Très-belle épreuve du 1er état ; la planche est plus large et on y lit l'année 1631.

2122 — Vieillard à grande barbe (B. 260). Cl. 257. C. B. 281.
Très-belle épreuve.

12

2123 — Homme avec chaîne et croix (B. 261). Cl. 258. C. B. 257.

Très-belle épreuve du 2ᵉ état, avant le prolongement des travaux au bord supérieur de la planche.

2124 — Vieillard à grande barbe et bonnet fourré (B. 262). Cl. 259. C. B. 270.

Très-belle épreuve.

2125 — Homme à barbe courte et bonnet fourré (B. 263). Cl. 260. C. B. 267.

Très-belle épreuve.

2126 — Portrait de Jean-Antoine Vander Linden (B. 264). Cl. 261. C. B. 181.

Très-belle épreuve du 2ᵉ état.

2127 — Vieillard à barbe carrée (B. 265). Cl. 262. C. B. 271.

Très-belle épreuve.

2128 — Portrait de Janus Silvius (B. 266). Cl. 263. C. B. 186.

Très-elle épreuve.

2129 — Jeune homme assis et réfléchissant (B. 268). Cl. 265. C. B. 258.

Superbe épreuve.

2130 — Portrait de Menassé Ben-Israël (B. 269). Cl. 266. C. B. 183.

Très-belle épreuve.

2131 — Portrait de Faustus (B. 270). Cl. 267. C. B. 84.

Superbe épreuve avant le travail à la pointe sèche, notamment sur l'épaule droite du personnage.

2132 — Portrait de Renier Ansloo (B. 271). Cl. 268. C. B. 170.

Très-belle épreuve.

2133 — Le même portrait.

Belle épreuve.

2134 — Portrait de Clément de Jonge (B. 272). Cl. 269. C.
B. 180.
Superbe épreuve du 1er état, avant divers travaux et avant que la
planche ait été cintrée par le haut.

2135 — Le même portrait.
Superbe épreuve du 2e état, également avant que la planche ait été
cintré. Très-rare de cette qualité, avec les barbes qu'on ne trouve pas
ordinairement.

2136 — Le même portrait.
Superbe épreuve du 3e état ; la planche est cintrée ; c'est, dit Bartsch,
celle qui est la plus brillante.

2137 — Le même portrait.
Superbe épreuve du 4e état. Chargé de barbes.

2138 — Portrait de Abraham France (B. 273). Cl. 270. C.
B. 176.
Très-belle épreuve du 4e état.

2139 — Le même portrait.
Très-belle épreuve du 5e état.

2140 — Portrait de Jean Lutma (B. 276). Cl. 273. C. B.
182.
Très-belle épreuve.

2141 — Portrait de Jean Asselin, surnommé Crabbetje (B.
277). Cl. 274. C. B. 171.
Magnifique épreuve du 1er état. On voit dans le fond un chevalet supportant un tableau. Extrêmement rare.

2142 — Le même portrait.
Très-belle épreuve du 2e état, sur papier du Japon.

2143 — Portrait du docteur Ephraïm Bonus, dit le Juif à la
rampe (B. 278). Cl. 275. C. B. 172.
Superbe épreuve.

2144 — Portrait de Utenbogardus (B. 279). Cl. 276. C. B.
190.
Très-belle épreuve.

2145 — Portrait de Jean Silvius (B. 280). Cl. 277. C. B.
187.
Très-belle épreuve.

2146 — Portrait de Utenbogaerd , connu sous le nom du
Peseur d'or (B. 281). Cl. 278. C. B. 190.
Très-belle épreuve tirée sur papier du Japon.

2147 — Le petit Coppenol (B. 282). Cl. 279. C. B. 174.
Superbe épreuve. Rare.

2148 — Le grand Coppenol (B. 283). Cl. 280. C. B. 175.
Très-belle épreuve.

2149 — Le Bourguemestre Six (B. 285). Cl. 282. Ch. B.
184.
Très-belle épreuve du 3ᵉ état, avec une grande marge. Rare.

2150 — Portrait de Jacques Cats (B. 286). Cl. 283. C. B.
173.
Superbe épreuve.

2151 — Seconde Tête orientale (B. 287). Cl. 284. C. B.
288.
Superbe épreuve.

2152 — Homme en cheveux (B. 289). Cl. 286. C. B. 255.
Très-belle épreuve.

2153 — Vieillard à grande barbe (B. 291). Cl. 288. C. B.
285.
Très-belle épreuve.

2154 — Tête d'homme chauve (B. 292). Cl. 289. C. B.
272.
Très-belle épreuve.

2155 — Tête d'homme chauve (B. 294). Cl. 291. C. B.
274.
Très-belle épreuve.

2156 — Vieillard à tête chauve (B. 296). Cl. 292. C. B.
300.
Très-belle épreuve.

2157 — Tête d'homme de face (B. 301). Cl. 300. C. B.
265.
Très-belle épreuve.

2158 — Homme avec bonnet (B. 307). Cl. 303. C. B. 264.
Très-belle épreuve.

2159 — Vieillard à grande barbe blanche (B. 309). Cl. 305. C. B. 283.
Très-belle épreuve.

2160 — Jeune homme à mi-corps (B. 310). Cl. 306. C. B. 177.
Très-belle épreuve; le fond de la planche est sale.

2161 — Homme avec chapeau à grands bords (B. 311). Cl. 307. C. B. 260.
Très-belle épreuve.

2162 — Vieillard à grande barbe (B. 312). Cl. 308. C. B. 278.
Très-belle épreuve.

2163 — Vieillard à barbe carrée (B. 313). Cl. 309. C. B. 269.
Très-belle épreuve.

2164 — Vieillard à barbe pointue (B. 315). Cl. 311. C. B. 284.
Très-belle épreuve du 1er état, avant le monogramme du maître et l'année.

2165 — Portrait de Rembrandt vu de face et riant (B. 316). Cl. 29. C. B. 218.
Superbe épreuve. Très-rare.

2166 — Portrait de Rembrandt avec trois crocs (B. 319 Cl. 28. C. B. 224.
Très-belle épreuve.

2167 — Portrait de Rembrandt aux yeux hagards et coiffé d'un bonnet coupé par le haut (B. 320). Cl. 33. C. B. 217.
Très-belle épreuve.

2168 — Vieillard à tête chauve (B. 324). Cl. 317. C. B. 276.
Belle épreuve.

2169 — La grande Mariée juive (B. 340). Cl. 330. C. B. 199.
Superbe épreuve.

2170 — Etude pour la grande Mariée juive (B. 341). Cl. 331.
G. B. 239.
Très-belle épreuve.

2171 — La petite Mariée juive (B. 342). Cl. 332. C. B.
206.
Très-belle épreuve.

2172 — Vieille Femme assise (B. 343). Cl. 333. C. B. 196.
Très-belle épreuve de la grande planche; elle a une petite marge.

2173 — Autre vieille Femme assise (B. 344). Cl. 334. C. B.
197.
Très-belle épreuve.

2174 — La Liseuse (B. 346). Cl. 335. C. B. 242.
Très-belle épreuve avant que le nez ait été grossi et allongé. Rare.

2175 — Femme coiffée en cheveux (B. 347). Cl. 337. C. B.
201.
Très-belle épreuve. Rare.

2176 — Vieille Femme coiffée à l'orientale (B. 348). Cl. 338.
C. B. 198.
Très-belle épreuve.

2177 — Vieille qui dort (B. 350). Cl. 340. C. B. 244.
Très-belle épreuve.

2178 — Vieille bien caractérisée regardant en bas (B. 351).
Cl. 341. C. B. 191.
Très-belle épreuve.

2179 — Vieille avec voile noir (B. 355). Cl. 345. C. B.
245.
Très-belle épreuve.

2180 — Jeune Fille avec un panier (B. 356). Cl. 346. C. B.
240.
Très-belle épreuve.

2181 — Mauresse blanche (B. 357). Cl. 347. C. B. 241.
Très-belle épreuve.

2182 — Tête de Femme (B. 358). Cl. 348. C. B. 243.
Très-belle épreuve.

2183 — Femme avec une grande cornette (B. 359). Cl. 349.
C. B. 202.
Très-belle épreuve.

2184 — Griffonnements où se voit la tête de Rembrandt
(B. 363). Cl. 353. C. B. 237.
Très-belle épreuve.

2185 — Feuille avec six têtes, au milieu desquelles est le
portrait de la femme de Rembrandt (B. 365). Cl. 355.
C. B. 249.
Très-belle épreuve.

2186 — Trois Têtes de femmes (B. 367). Cl. 357. C. B.
250.
Superbe épreuve.

2187 — Trois Têtes de femmes dont une qui dort (B. 368).
Cl. 358. C. B. 261.
Très-belle épreuve.

2188 — Griffonnements gravés sur différents sens dans la
planche (B. 369).
Très-belle épreuve. Fort rare.

2189 — Griffonnements avec un arbre (B. 372). Cl. 349. C.
B. 349.
Très-belle épreuve. Rare.

2190 — Juif debout. Il est enveloppé d'un grand manteau,
sa tête est couverte d'un turban et il tient de la main
gauche un bâton. Estampe inconnue à Bartsch et à
Claussin. H. 51 mill. L. 40 mill.
Superbe épreuve. Extrêmement rare.

2191 — Saint Pierre délivré de la prison par l'ange (B. 13).
Cl. 18 des pièces douteuses.
Bartsch indique ce morceau comme très-rare.
Très-belle épreuve.

2192 — Buste d'homme (B. 27). Cl. 33.
Ce morceau est attribué à Van den Eckout.
Superbe épreuve.

2193 — Le Tailleur de plumes (B. 28).
Très-belle épreuve.

2194 — Jeune Homme à mi-corps (B. 30). Cl. 36.
Très-belle épreuve.

2195 — Buste de Vieillard (B. 31). Cl. 37.
Très-belle épreuve.

2196 — Vieillard à grande barbe assis (B. 38). Cl. 44.
Ce morceau est attribué à Renesse.
Très-belle épreuve.

2197 — Buste d'homme (B. 48). Cl. 54.
Très-belle épreuve.

2198 — Une Femme devant une fenêtre (B. 52). Cl. 58.
Très-belle épreuve.

2199 — Vieillard assis dans un fauteuil (B. 71). Cl. 78. Morceau donné à S. Koninck.
Très-belle épreuve.

### REMBRANDT (École de)

2200 — Repos en Egypte (B. 6).
Très-belle épreuve.

### REMBRANDT (D'après)

2201 — Le Denier de César, par Marc Ardell.
Très-belle épreuve.

2202 — Tobie et l'Ange, par Marc Ardell.
Très-belle épreuve avant la lettre.

2203 — Le Mathématicien, par Marc Ardell.
Superbe épreuve.

2204 — La Nativité, par Bernart.
Très-belle épreuve. Morceau rare.

2205 — Reinier Anslon et sa Femme, par J. Boydell.
Très-belle épreuve avant la lettre.

2206 — La Bourgeoisie armée d'Amsterdam, par Claessens
Belle épreuve.

2207 — Portrait du doreur de Rembrandt, par Dixon. *Le tableau était dans la galerie du duc de Morny.* .
Superbe épreuve.

2208 — Judas rendant les trente pièces d'argent au chef des Princes et aux Anciens, par Dunkarton.
Très-belle épreuve.

2209 — Portrait de Rembrandt âgé, par R. Earlom.
Superbe épreuve avant la lettre.

2210 — Portrait de la femme de Rembrandt, par Earlom.
. Très-belle épreuve.

2211 — Les Disciples d'Emaüs, par De Frey.
Superbe épreuve avant la lettre.

2212 — Le bon Samaritain. — La présentation au Temple, par De Frey.
Très-belles épreuves.

2213 — Syndics de la Halle aux Draps l'an 1661. — Démonstration anatomique, par De Frey.
Très-belles épreuves.

2214 — Portrait de Van Tromp, par G. Graham.
Très-belle épreuve.

2215 — Portrait du Prince Rupert, par W. Green.
Très-belle épreuve.

2216 — Portrait de la mère de Rembrandt, par J.-Haid.
Très-belle épreuve.

2217 — Portrait de la maîtresse de Rembrandt, par J.-G.-Haid.
Belle épreuve.

2218 — L'Homme tenant un sabre, par J.-G. Haid.
Très-belle épreuve.

2219 — Soldat tenant une Hallebarde, par J.-G. Haid.
Superbe épreuve avant la lettre.

2220 — La Fille occupée à écrire, par J. G. Haid.
Très-belle épreuve.

2221 — Laissez venir à moi les petits enfants. — Jésus au
milieu des Docteurs, par Ch. Hesr.
Très-belles épreuves.

2222 — Portrait de Rembrandt, d'après lui-même.
Très-belle épreuve avant la lettre.

2223 — Autre portrait de Rembrandt.
Très-belle épreuve avant la lettre.

2224 — Condamnation d'Haman, par Houston.
Très-belle épreuve.

2225 — Les Syndics d'Amsterdam, par Houston.
Très-belle épreuve.

2226 — Homme tenant un couteau, par Houston.
Très-belle épreuve.

2227 — Le Tailleur de plumes. — Femme plumant un Coq,
par Houston. 2 p.
Très-belles épreuves.

2228 — Homme assis, par Houston.
Très-belle épreuve.

2229 — Le Bourgmestre et sa Servante, par Hodges.
Superbe épreuve avant la lettre.

2230 — Portrait de vieille femme avec fraise autour du
cou, par Hodges.
Superbe épreuve.

2231 — Samson tué par les Philistins, par Jacoby.
Très-belle épreuve avant la lettre.

2232 — La Madelaine, par Kleine.
Très-belle épreuve.

2233 — Un Porte-Étendart, par P. Leeuw.
Superbe épreuve.

2234 — David devant Saül, par Pierre Van Leeuw.
Très-belle épreuve.

**2235** — Bethsabée au bain, par Moreau le jeune.
Très-belle épreuve.

**2236** — Abraham sacrifiant son fils Isaac, par Murphy.
Superbe épreuve avant la lettre.

**2237** — La même composition, par J.-G. Haid.
Belle épreuve.

**2238** — Portrait de Rembrandt Van Ryn, par P. B.
Très-belle épreuve.

**2239** — The Lord of the Vineyard payiny his Laboureurs,
par Pether.
Superbe épreuve avant la lettre.

**2240** — La même composition, par Ravenet.
Belle épreuve.

**2241** — Officier tenant un Étendart, par W. Pether.
Superbe épreuve avant la lettre.

**2242** — Officier tenant un Glaive, par W. Pether.
Superbe épreuve avant la lettre.

**2243** — Portrait d'Homme tenant un papier roulé, par
W. Pether.
Très-belle épreuve.

**2244** — Vieillard coiffé d'un turban, par Pether.
Très-belle épreuve avant la lettre.

**2245** — Le grand Rabbin juif, par Pether.
Superbe épreuve.

**2246** — Le studieux Philosophe, par Ch. Phillips.
Très-belle épreuve.

**2247** — Portrait de Rembrandt avec le bonnet orné d'une
plume, par Pichler.
Très-belle épreuve.

**2248** — Portrait d'Homme, coiffé d'un chapeau par
Splisburg.
Très-belle épreuve.

2249 — L'Ange qui disparaît à la famille de Tobie, par Walker.
Très-belle épreuve avant la lettre.

2250 — Sainte Anne faisant lire la jeune Vierge, par Walker, d'après le tableau à la galerie impériale de St-Pétersbourg.
Très-belle épreuve.

2251 — Jacob et Joseph devant Pharaon, par W. Ward.
Belle épreuve.

2252 — Femme assise, par Watson, d'après Rubens.
Superbe épreuve.

2253 — Jupiter et Mercure chez Philémon et Baucis, par Watson.
Très-belle épreuve.

2254 — L'Ange et Tobie, par Wrenk.
Très-belle épreuve.

2255 — Agar dans le Désert, par Wrenk.
Très-belle épreuve.

2256 — Portrait de Rembrandt, d'après F. Bol. par Wrenck.
Superbe épreuve avant la lettre.

2257 — Vieille Femme pelant une pomme, d'après Rembrandt.
Très-belle épreuve.

## REVEL

2258 — La Cruche cassée, d'après Greuze.
Superbe épreuve d'artiste avec les noms gravés à la pointe.

## REYNOLDS (d'après sir Joshua)

2259 — Son portrait, par James Watson.
Très-belle épreuve.

2260 — Miss Crewe tenant un vase, par Marc Ardell.
Très-belle épreuve.

2261 — Lady Ann Darvson, sous les traits de Diane, par Marc Ardell.
Très-belle épreuve.

2262 — Lady Fortescue, par Marc Ardell.
Très-belle épreuve.

2363 — John Lockhart, esquire, par Marc Ardell.
Très-Belle épreuve.

2264 — Lady Elisabeth Montagu, fille du Comte de Cardigan, par Marc Ardell.
Très-belle épreuve.

2265 — John Comte de Rothes, lieutenant général, par Marc Ardell.
Très-belle épreuve.

2266 — Charles Saunders, lieutenant général de la Marine, par Marc Ardell.
Très-belle épreuve.

2267 — M⸱ Turner of Clints in Yorkshire, par Marc Ardell.
Très-belle épreuve.

2268 — Maria Comtesse de Waldegrave, par Marc Ardell.
Très-belle épreuve.

2269 — Miss Civeilkin, par Bause.
Très-belle épreuve imprimée à la sanguine.

2270 — Henry Bunbury, esquire, par Blackmore.
Très-belle épreuve.

2271 — M⸱⸱ Lascelles et son enfant, par C. Corbutt.
Belle épreuve.

2272 — Master Crewe, par Smith.
Très-belle épreuve. Rare.

2273 — Sainte Cécile, par Dickinson.
Très-belle épreuve.

2274 — Sir George Bridges Rodney, baron, amiral, par Dickinson.
Très-belle épreuve.

2275 — Jane, duchesse de Gordon, par Dickinson.
Très-belle épreuve.

2276 — Diana, vicomtesse Crosbie, par Dickinson.
Très-belle épreuve.

2277 — Elisabeth, comtesse de Derby, par Dickinson.
Très-belle épreuve.

2278 — Richard Edgcumbe, par Dickinson.
Très-belle épreuve.

2279 — Sir Robert Fletcher, par Dickinson.
Très-belle épreuve.

2280 — Richard Grenville Temple, par Dickinson.
Très-belle épreuve.

2281 — Mᵣˢ Mathew, par Dickinson.
Très-belle épreuve.

2282 — Thomas Percy, par Dickinson.
Très-belle épreuve.

2283 — Lady Charles Spencer, par Dickinson.
Très-belle épreuve.

2284 — William, duc de Leinster, marquis de Kildare, par Dixon.
Très-belle épreuve.

2285 — Elisabeth, comtesse de Pembroke et son fils Lord Herbert, par Dixon.
Très-belle épreuve.

2286 — William Robertson, par Dixon.
Très-belle épreuve.

2287 — Deux jeunes Femmes debout, par Dixon.
Très-belle épreuve.

2288 — Samuel Johnson, L. L. D., par W. Doughty.
Très-belle épreuve.

2289 — Miss Stornick Hary, par Dunkarton.
Superbe épreuve avant la lettre.

**2290** — Garrick et deux tragédiennes dans une scène du théâtre de Shakespeare, par Fisher.
Très-belle épreuve.

**2291** — Le comte le Granville Leveson Gower, par Fisher.
Très-belle épreuve.

**2292** — Lady Elisabeth Lee, fille de Simon, comte d'Harcourt, par Fisher.
Superbe épreuve.

**2293** — Lord Hugh Percy, comte de Northumberland. — Elisabeth, comtesse de Northumberland, sa femme, par Fisher.
Très-belles épreuves.

**2294** — Elisabeth Keppel, fille du comte d'Albemarle, par Fisher.
Très-belle épreuve avant la lettre.

**2295** — Lady Sarah Bunbury, par Fischer.
Très-belle épreuve avant la lettre.

**2296** — Charles, marquis de Rockingham, par Fisher.
Très-belle épreuve.

**2297** — Laurence Sterne, célèbre auteur, par Fisher.
Très-belle épreuve.

**2298** — L'Espérance et l'Amour, par Fisher.
Très-belle épreuve.

**2299** — Le Duc de Bedfort, lord John Russell, et Miss Vernon, par Green.
Très-belle épreuve.

**2300** — Georgiana, duchesse de Devonshire, par Green.
Très-belle épreuve.

**2302** — Master Bradyll, par Grozer.
Très-belle épreuve avant la lettre.

**2303** — A lady and Child, par Grozer.
Très-belle épreuve.

2304 — Charles William Henri, comte de Dalkeith, fils du duc de Buccleugh, par Green.
Très-belle épreuve.

2305 — Master Bunbury, par Haward.
Très-belle épreuve.

2306 — Miss Nancy Parsons, par R. Housman.
Très-belle épreuve.

2307 — La comtesse de Walgrave avec son enfant, par Houstan.
Superbe épreuve avant la lettre.

2308 — Jeune femme à mi-corps avec un manteau de four-rure, par Hodges.
Très-belle épreuve avant la lettre.

2309 — William Kingsley, par R. Houston.
Très-belle épreuve.

2310. — Omai, nègre, natif de l'Island, par J. Jacobi.
Très-belle épreuve.

2311 — Louis, comte du Saint-Empire romain de Barbiano, plénipotentiaire près le roi de la Grande-Bretagne, par J. Jacobi.
Très-belle épreuve.

2312 — The honorable miss Monckton, par John Jacobi.
Très-belle épreuve.

2313 — Hebé, par John Jacobi.
Très-belle épreuve avant la lettre.

2314 — James Fox, par J. Jones.
Très-belle épreuve.

2315 — Miss Kemble, par J. Jones.
Très-belle épreuve.

2316 — Jeune fille tenant un chien, par Marché.
Superbe épreuve avant la lettre.

2317 — Portrait de John Hunter, gravé par Sharp.
Très-belle épreuve.

2318 — Sir Joshua Reynolds, par J. Sherwin.
Très-belle épreuve avant la lettre.

2319 — Lady Catherine Powlet, par Smith.
Très-belle épreuve avant la lettre.

2320 — M⁰ Carnac, par Smith.
Très-belle épreuve.

2321 — William Marcham, lord archevêque d'York, par Smith.
Très-belle épreuve.

2322 — M⁰⁰ Montagu, par Smith.
Très-belle épreuve.

2523 — Bacchante, par Smith.
Très-belle épreuve.

2324 — Jeune femme à mi-corps, en costume de Polonaise par Spilsbury.
Très-belle épreuve.

2325 — Lady Mary Leslie, fille du comte de Rothes, par Spilsbury.
Très-belle épreuve.

2326 — Portrait de jeune fille tenant des fleurs, par Spilsbury.
Très-belle épreuve.

2327 — Barbara. comtesse de Coventry, par J. Watson.
Très-belle épreuve.

2328 — Joseph Baretti, secrétaire du Foreing Correspondant, par J. Watts.
Très-belle épreuve.

2329 — James Beattie, par Watson.
Très-belle épreuve.

2330 — Sir Jeffery Amherst, par Watson.
Superbe épreuve avant la lettre.

2331 — La même estampe.
Superbe épreuve avant la lettre.

i

2332 — Jeune fille portant un panier, par Watson.
Très-belle épreuve avant la lettre.

2333 — Miss Bosville, par Watson.
Très-belle épreuve.

2334 — M™ Bouverie et son enfant, par Watson.
Très-belle épreuve.

5335 — M™ Bunbury assise, par Watson.
Très-belle épreuve.

2336 — Lady Almiria Carpenter, par J. Watson.
Très-belle épreuve.

2337 — David Garrick, célèbre tragédien, par Watson.
Très-belle épreuve.

2338 — Warren Hastings, esquire, gouverneur général du
Bengale, par Watson.
Très-belle épreuve.

2339 — John Hely Hutchinson, principal secrétaire d'état,
par Watson.
Très-belle épreuve.

2340 — Le marquis de Tavistock, par Watson.
Superbe épreuve avant la lettre.

2341 — Caroline, duchesse de Marlborough, par Watson.
Superbe épreuve avant la lettre.

2342 — Miss Kendy, par Watson.
Superbe épreuve avant la lettre.

2343 — Duchesse de Cumberland, par Watson.
Magnifique épreuve.

2344 — Duchesse de Buccleugh, par Watson.
Très-belle épreuve.

2345 — Lady Bamphylde, par Watson.
Superbe épreuve avant la lettre.

2346 — Mistress Crewe, par Watson.
Très-belle épreuve avant la lettre.

**2347** — Les deux frères James Paine, architectes, par Watson.

Superbe épreuve avant la lettre.

**2347** *bis* — La même estampe.

Très-belle épreuve.

**2348** — Jeune femme tenant un chien, par Watson.

Superbe épreuve.

**2349** — Lady Elisabeth Melbourne, et son enfant, par Watson.

Très-belle épreuve.

**2350** — M. Parker, par Watson.

Très-belle épreuve.

**2351** — Lady Caroline Scarsdale, et son enfant, par Watson.

Très-belle épreuve.

**2352** — Portraits de femme et d'enfant, sous les attributs de Diane et de l'Amour, par Watson.

Très-belle épreuve avant la lettre.

**2353** — M<sup>rs</sup> Harduril en pied, suivie d'un enfant, par Fischer.

Superbe épreuve avant la lettre.

**2354** — L'Allegro, par Watson.

Très-belle épreuve.

### RIBERA (Joseph, dit l'Espagnolet)

**2355** — Principes de dessin. Suite de trois estampes (B. 15, 16, 17).

Superbes épreuves du 1<sup>er</sup> état avant les planches coupées. Le numéro 17 est avant le numéro 4.

**2356** — Le Martyre de Saint-Barthélemy (B. 6).

Superbe épreuve.

### RICHOMME (Joseph-Théodore)

**2357** — Neptune et Amphitrite, d'après J. Romain.

Très-belle épreuve avant la lettre, avec toute sa marge.

**2358** — La Sainte-Famille, d'après Raphaël.

Très-belle épreuve avant la lettre, avec toute sa marge.

## ROBETTA

**2359** — L'Adoration des Rois (B. 6).
Très-belle épreuve.

**2360** — La Vierge aux Anges (B. 13).
Très-belle épreuve.

**2361** — Vénus entourée d'Amours (B. 18).
Très-belle épreuve.

**2362** — L'Homme attaché à un arbre par l'Amour (B. 25).
Belle épreuve.

## ROOS (Henri)

**2363** — Le Mouton et le Bélier (B. 2).
Très-belle épreuve avant divers travaux.

**2364** — La Chèvre montrant le dos (B. 6),
Très-belle épreuve avant divers travaux.

**2365** — Les deux moutons au pied de l'arbre (B. 7).
Très-belle épreuve avant divers travaux.

**2366** — La Chèvre et la haie (B. 9).
Très-belle épreuve avant divers travaux.

**2367** — Différents Moutons et Chèvres, suite de huit estampes (B. 10-17).
Superbes épreuves avant les numéros, avant divers travaux et avant l'adresse de *J. de Ram*. Fort rare.

**2368** — La Bergère (B. 31).
Superbe épreuve du 1ᵉʳ état, avant que le coin supérieur gauche ait été arrondi, et avant le trait échappé près de la croisée qui se voit au haut de la rine à droite. Cet état est non décrit par Bartsch. Très-rare.

**369** — Le Mouton tondu et le bélier (B. 36).
Superbe épreuve. Très-rare.

**2370** — Les Chèvres (B. 37).
Très-belle épreuve. Rare.

**2371** — Le Berger et son Troupeau en repos (B. 38).
Belle et ancienne épreuve. Rare.

## ROSASPINA

2372 — Le Christ descendu de la Croix, d'après le Corrége.
Très-belle épreuve avant la lettre.

## ROTA (Martin)

2373 — Charles Clusius, fameux botaniste (B. 62).
Très-belle épreuve.

2374 — Etienne Feierkuvy, évêque de Vesprim (B. 67).
Très-belle épreuve.

2375 — Jean Fichard, jurisconsulte de Francfort (B. 69).
Très-belle épreuve.

2376 — Maximilien II, empereur (B. 83).
Superbe épreuve.

2377 — Rodolphe II, roi des Romains, tenant le sceptre
(B. 94).
Très-belle épreuve.

2378 — Rodolphe II, en buste (B. 96).
Rare épreuve avant le *cum privilegio* et l'année 1592.

2379 — Valette (Jean de La), grand-maître de l'ordre de
Jérusalem (B. 100).
Belle épreuve.

## ROULLET

2380 — Beringhen (Jacques Louis, marquis de), d'après
Mignard.
Superbe épreuve.

## RUBENS (Pierre-Paul)

2381 — Sainte Catherine debout sur les nuages.
Superbe épreuve.

2382 — Saint François recevant les stigmates (B. 9 des sujets
de saints).
Très-belle épreuve.

# SUJETS ET PORTRAITS GRAVÉS D'APRÈS P.-P. RUBENS

### PAR DIFFÉRENTS GRAVEURS

#### BÉRY (Van den)

2383 — Saint Charles Borromée. F. Vanden Linden, jurisconsulte. Portrait de religieux. 3 p.
Très-belles épreuves.

#### BOLSWERT (Boèce a)

2384 — La Cène (B. 62, du N. T.).
Très-belle épreuve avant l'adresse d'*Huberti*.

#### BOLSWERT (Schelte a)

2385 — Le Serpent d'Airain (B. 16. de l'Ancien Testament).
Très-belle contre-épreuve tirée avant le raccord des travaux au-dessus
des armes, et avant l'adresse de *Gillis Hendricx*. Rare.

2386 — La même estampe.
Très-belle épreuve avec l'adresse de *Gillis Hendricx*.

2387 — Un Christ, et dans le fond la ville de Jérusalem
(B. 93, du N. T.).
Superbe épreuve du 1er état, avec l'adresse de *Martinus Vanden Enden*.
Rare.

2389 — La Résurrection (B. 109).
Superbe épreuve.

2390 — La Trinité, où l'on voit Jésus-Christ mort sur les
genoux du Père Éternel (B. 123, du N. T.)
Très-belle épreuve avec l'adresse de *Martinus Vanden Enden*.

2391 — L'Assomption de la Vierge, où l'un des disciples
lève la pierre du Sépulcre (B. 5 des sujets de Vierges).
Très-belle épreuve du 1er état, avec l'adresse de *Martinus Vanden
Enden*.

2392 — La sainte Vierge que l'enfant Jésus embrasse
(B. 30 des sujets de Vierges).
Très-belle épreuve avec l'adresse de *Martinus Vanden Enden*.

2393. — L'Enfant Jésus sur une table, et caressant la sain
Vierge (B. 34, des sujets de Vierges).
Très-belle épreuve avec l'adresse du graveur.

9394 — La Sainte Vierge et l'enfant Jésus ur 'ses genoux
(B. 36 des sujets de Vierges).
Belle épreuve.

2395 — Sainte Famille, où l'enfant Jésus tient un oiseau
(B. 58, des sujet de Vierges).
Très-belle épreuve.

3396 — Saint François Xavier debout devant un crucifix
(B. 18 des sujets de Saints).
Très-belle épreuve.

2397 — Saint Ignace de Loyola debout (B. 26 des sujets de
Saints).
Très-belle épreuve.

2898 — Sainte Anne et la Vierge (B. 2 des sujets de Saintes).
Belle épreuve avec l'adresse de *Marthius Vanden Enden*.

2399 — Sujet allégorique représentant une femme sur un
char traîné par des lions et entourée des quatre parties
du monde.
Très-belle épreuve avant la lettre.

### CAUKERKEN

2400 — Le martyre de Saint Liévin (B. 36, des sujets de
Saints).
Très-belle épreuve avant l'adresse de *Gaspar de Hollander*.

### CLOUWET (Pierre)

2401 — Conversation entre plusieurs amants; on remarque,
à droite, Rubens et sa femme (B. 39, des allég.).
Très-belle épreuve du 1er état, avec les vers en flamand.

### DALEN

2402 — La Nature embellie par les Grâces (B. 56, des allég.).
Très-belle épreuve.

### GALLE (Corneille)

2403 — Jésus-Christ mort sur les genoux de la Vierge (B.
104 du N. T.).
Superbe épreuve.

2404 — Repos en Égypte (B. 24 des sujets de Vierges).
Très-belle épreuve.

2405 — Une Vierge dans une niche, à laquelle des enfants
attachent des guirlandes de fruits (B. 63 des sujets de
Vierges).
Très-belle épreuve.

### HEIL (Léon van)

2406 — Danse de seize personnes auprès d'un grand arbre
à l'eau forte (B. 41, des allég.).
Très-belle épreuve. Rare.

### JEGHERS

2407 — Suzanne surprise par les vieillards (B. 36, de l'An.
T.).
Très-belle épreuve avec l'adresse de Rubens.

2408 — La Tentation de Jésus-Christ dans le désert (B. 37,
du N. T.).
Très-belle épreuve.

2409 — Le Repos en Égypte (B. 23 des sujets des Vierges).
Très-belle épreuve tirée en clair-obscur. Rare.

2410 — L'Enfant Jésus et saint Jean caressant un agneau
(B. 40 des sujets de Vierges).
Très-belle épreuve.

2411 — Portrait de Rubens gravé en clair-obscur.
Très-belle épreuve.

### JODE (Pierre de)

2412 — Décollation de saint Jean (B. 37 des sujets du N.
T.).
Très-belle épreuve.

### LAUWERS (Conrad)

2413 — Élie, auquel un ange apporte la subsistance dans le
désert (B. 26 de l'An. T.).
Belle épreuve.

### MARINUS

2413 *bis* — Fuite en Égypte (B. 26 du N. T.).
Très-belle épreuve.

2414 — Jésus-Christ devant Pilate (B. 74 du N. T.).
Très-belle épreuve avec le nom du graveur, auquel plus tard a été substitué celui de S. A. Bolswert.

### LEEUW

2415 — Le Martyre de sainte Catherine (B. 21 des sujets de
saintes).
Très-belle épreuve.

### NEFFS

2416 — Le Martyre de saint Thomas apôtre (B. 48 des sujets de saints).
Très-belle épreuve.

### PANNELS

2417 — David étouffant un ours (B. 21 de l'An. T.).
Très-belle épreuve.

2418 — David coupant la tête à Goliath (B. 22 des sujets de
l'An. T.).
Très-belle épreuve.

2419 — Élie auquel un ange apporte la subsistance dans le
désert (B. 26 de l'An. T.).
Très-belle épreuve.

2420 — Esther devant Assuérus (B. 29 *bis* de l'An. T.).
Très-belle épreuve.

2421 — La Madelaine chez le Pharisien (B. 56 du N. T.).
Très-belle épreuve.

2422 — Saint Sébastien (B. 45 des sujets de saints).
Très-belle épreuve.

### PONTIUS (Paul)

2423 — Le Massacre des Innocents (B. 32 du N. T.).Grande
estampe en deux feuilles.
Très-belle épreuve. Rare.

2424 — Le Portement de croix, d'après Rubens (B. 75 du
N. T.).
Très-belle épreuve.

2425 — Jésus-Christ mort sur les genoux de la Vierge, et
un saint François à côté (B. 101 du N. T.).
Très-belle épreuve.

2426 — Saint Roch intercédant pour les pestiférés (B. 44
des sujets de saints).
Très-belle épreuve.

2427 — Isabelle-Claire-Eugénie en habit de religieuse (B. 7
des portraits).
Très-belle épreuve.

### QUELLINUS

2428 — Samson tuant le lion (B. 18 de l'An. T.).
Belle épreuve.

2429 — La sainte Vierge avec l'Enfant Jésus qui est appuyé
sur un berceau (B. 33 des sujets de Vierges).
Très-belle épreuve.

### SOUTMAN

2430 — Jésus-Christ donnant les clefs à saint Pierre, d'a-
près Raphaël (B. 54 du N. T.).
Très-belle épreuve.

2431 — La Chute des Réprouvés (B. 126 du N. T.).
Très-belle épreuve du 1ᵉʳ état, avant la retouche.

2432 — Le Sacre d'un évêque (B. 47 des sujets de saints).
Très-belle épreuve.

2433 — La Chasse au sanglier (B. 21-9 des diff. suites).
Très-belle épreuve

## STOCK (AND.)

**2434** — Sacrifice d'Abraham (B. 12 de l'An. T.).
Très-belle épreuve avant le nom de Hondius.

## VOET (SIMON)

**2435** — La sainte Vierge et l'Enfant Jésus à qui des Anges présentent une corbeille de fruits (B. 35 des sujets de Vierges).
Très-belle épreuve.

**2436** — Saint Augustin (B. 4 des sujets de saints).
Très-belle épreuve.

**2437** — La Chute des Anges rebelles (B. 1 de l'An. T.).
Très-belle épreuve.

## VOSTERMAN (LUCAS)

**2438** — La Nativité (B. 5 du N. T.).
Très-belle épreuve.

**2439** — Adoration des Rois. Grande estampe en deux planches (B. 22 du N. T.).
Très-belle épreuve.

**2440** — La Descente de croix (B. 99 du N. T.).
Superbe épreuve du 1ᵉʳ état, avant l'adresse *Corn. van Merlen.*

**2441** — Apparition des Anges aux saintes femmes, au tombeau de Jésus-Christ (B. 111 du N. T.).
Très-belle épreuve.

**2442** — Sainte Famille où la Vierge est appuyée sur un berceau (B. 48 des sujets de Vierges).
Très-belle épreuve.

**2443** — Sainte Famille (B. 54 des sujets de Vierges).
Très-belle épreuve.

**2444** — La même composition. Gravée par un anonyme.
Très-belle épreuve.

**2445** — Saint François recevant les stigmates (B. 11 des sujets de saints).
Très-belle épreuve.

2446 — Le Martyre de saint Laurent (B. 37 des sujets de
saints).
Très-belle épreuve.

2447 — Charles V, empereur, d'après Titien, vu jusqu'aux
genoux.
Très-belle épreuve.

2448 — Maximilien, archiduc d'Autriche, d'après Rubens.
Très-belle épreuve.

2449 — Isabelle d'Este, marquise de Mantoue (B. 29 des portraits).
Très-belle épreuve.

### WITDOUC (JEAN)

2450 — Sainte Cécile à son clavecin (B. 24 des sujets de
saintes).
Très-belle épreuve.

2451 — Jésus-Christ mis au tombeau, où l'une des saintes
femmes apporte de la paille (B. 106 du N. T.).
Superbe épreuve.

### WYNGAERDE

2452 — Samson tuant le lion (B. 17 de l'An. T.).
Très-belle épreuve.

2453 — Jésus-Christ apparaissant à la Madelaine (B. 112 du
N. T.).
Très-belle épreuve.

### RUBENS (d'après)

2454 — Deux Anges mettant une draperie sur les épaules
du Christ qui est debout au milieu d'eux. Estampe
sans noms de peintre ni de graveur.
Très-belle épreuve.

2455 — Ferdinand II, empereur d'Allemagne, dans un ovale
entouré de figures allégoriques.
Très-belle épreuve.

2456 — Deux Frères de l'ordre de Saint-Antoine, d'après
Rubens, gravé par Spitsbury.
Très-belle épreuve.

## RUISDAEL (JACQUES)

2457 — Le Bouquet de trois chênes (B. 6).
Superbe épreuve, rare à trouver de cette beauté.

## SADELER (R.)

2458 — Le Massacre des Innocents, d'après le Tintoret.
Très-belle épreuve avant la lettre.

2459 — Le Festin des Dieux, d'après Th. Bernard.
Très-belle épreuve.

2460 — Le Jugement de Pâris, d'après Van Achen.
Très-belle épreuve.

2461 — Repas de Gentilshommes et de Dames, d'après Th.
Bernard.
Très-belle épreuve.

2462 — Les quatre grandes Nations de l'Europe, d'après
A. Ortelius. 4 pièces.
Très-belles épreuves.

## SAENREDAM (JEAN)

2463 — Pièce emblématique au sujet des victoires rempor-
tées sur les Espagnols, par les États des Provinces-
Unies, sous la conduite du prince Maurice de Nassau
(B. 9).
Superbe épreuve.

2464 — Autre pièce emblématique sur l'état florissant des
Provinces-Unies en 1602 (B. 10).
Superbe épreuve.

2465 — L'histoire d'Adam, d'après A. Bloemaert. Trois
estampes (B. 13, 14 et 15).
Très-belles épreuves.

**2466** — Ève persuadant à Adam de manger du fruit de l'arbre de vie, d'après C. Cornelis (B. 35).
Très-belle épreuve.

**2467** — Pâris assis près d'Énone, d'après C. Cornelis (B. 37).
Très-belle épreuve.

**2468** — Vertumne et Pomone, d'après C. Cornelis (B. 38).
Très-belle épreuve.

**2469** — Suzanne au bain, surprise par les deux vieillards, d'après C. Cornelis (B. 35).
Très-belle épreuve.

**2470** — L'antre de Platon, d'après C. Cornelis (B. 39).
Superbe épreuve.

**2471** — Six Nymphes de la suite de Diane, représentées deux à deux dans des paysages, d'après Goltzius (59-61).
Très-belles épreuves.

**2472** — Pallas, Vénus et Junon, d'après Goltzius. Trois pièces de forme ovale (B. 62-64).
Très-belles épreuves.

**2473** — Des Amants et leurs Maîtresses implorant l'assistance de Vénus, d'après H. Goltzius (B. 71).
Superbe épreuve.

**2474** — Les quatre parties du jour, d'après H. Goltzius. Suite de quatre estampes (91-94).
Très-belles épreuves.

**2475** — Vénus couchée sur un lit, d'après Pierre Isaac (B. 104).
Très-belle épreuve.

**2476** — Rébecca donnant à boire à Éliézer, d'après K. Van Mander (B. 110).
Très-belle épreuve.

**2477** — Hérodiade dansant en présence d'Hérode, d'après K. Van Mander (B. 112).
Très-belle épreuve.

**2478** — Le comte Ernest de Nassau et une infinité de peuple
arrivant sur les côtes de Benarvie pour y considérer
une énorme baleine qui vient d'y échouer; 1601 (B. 13).
Superbe épreuve d'un premier état non décrit avant la figure de la Mort
renversant la Fortune, sur la partie gauche du ciel, et avant l'adresse de
J. Janssonius. Extrêmement rare.

**2479** — Henri Frédéric de Nassau, prince d'Orange. — Guillaume, prince d'Orange, comte de Nassau. Deux portraits en pied sur la même planche. Non décrit.
Superbe épreuve. Très-rare.

### SAFT-LEVEN (Herman)

**2480** — L'Homme monté sur l'âne (B. 13).
Superbe épreuve.

**2481** — Le Fanal (B. 16).
Très-belle épreuve.

**2482** — Les quatre Saisons. Suite de quatre estampes (B. 22-
25).
Très-belles épreuves avant divers travaux ajoutés.

**2483** — La Porte des Femmes-Blanches à Utrecht (B. 29).
Superbe épreuve du 1er état, avant que le ciel ait été chargé de nuages.
Extrêmement rare.

**2484** — Le Porcher (B. 30).
Très-belle épreuve.

**2485** — Les Eléphants (B. 33).
Estampe de la plus grande rareté.

**2486** — La Femme trayant la vache (B. 34).
Très-belle épreuve du 2e état, avant l'adresse de *Ottens*

**2487** — Les Moissonneurs (B. Pièce attribuée à H. Saft
Leven).
Très-belle épreuve.

### SART (Corneille du)

**2488** — Les deux Chanteurs (B. 3).
Très-belle épreuve du 1er état, avant que la planche ait été coupée en
forme ovale.

### SAUNDERS (J.)

2489 — La Piété, grande composition d'après Fra Bartho-
lomeo.
Superbe épreuve avant toutes lettres et avec toute sa marge.

### SHACKLETON (D'après J.)

2490 — Henry Pelham, chancelier de l'Échiquier et John
Roberts Esqz, par Houston.
Très-belle épreuve.

### SCHIAVONNI

2491 — L'Assomption de la Vierge, d'après le Titien.
Superbe épreuve avant toutes lettres. Très-rare.

### SCHMIDT (Georges-Frédéric)

2492 — Law (Jean), contrôleur général des finances, sous
la Régence, d'après Rigaud (21).
Très-belle épreuve avant toutes lettres.

2493 — Constantin Scarlati, prince moldave (39).
Superbe épreuve. Très-rare.

2493 bis — La Marche (Monseigneur le comte de) depuis
duc d'Orléans, d'après P. de Lorme (43). Ce portrait a
été gravé en collaboration avec J. G. Wille.
Superbe épreuve. Très-rare.

2494 — Maurice Quentin de la Tour, peintre, d'après lui-
même (50).
Très-belle épreuve.

2495 — Pierre Mignard, premier peintre du roi, d'après
Rigaud (59).
Magnifique épreuve du 1er état avant toutes lettres; elle est sans marge.
Très-rare.

2496 — Philippe V, roi d'Espagne, d'après Vanloo (60).
Gravé en collaboration avec J. G. Wille (60).
Très-belle épreuve.

2497 — Prevost (Antoine François), aumônier de Monseigneur le prince de Conti (61).
Très-belle épreuve.

2498 — Voguell (Henri), riche négociant de Londres, d'a-
près Ant. Pesne (64).
Très-belle épreuve.

2499 — Blume (Christian Frédéric), d'après Falbe (65).
Très-belle épreuve.

2500 — Anhalt-Bernbourg (Christian Auguste d'), d'après
Ant. Pesne (66).
Très-belle épreuve.

2501 — Cocceji (Samuel), ministre du roi de Prusse, d'a-
près Ant-Pesne (67).
Très-belle épreuve.

2502 — Oertel (Frédéric B.) (68).
Superbe épreuve.

2503 — Pesne (Antoine) d'après lui-même (69).
Superbe épreuve.

2504 — Gorne (Frédéric de), premier ministre du roi de
Prusse (70).
Très-belle épreuve.

2505 — Auguste III, roi de Pologne, vu jusqu'aux genoux,
d'après Ant. Pesne (71).
Très-belle épreuve avant l'astérique au milieu du bas de la planche.

2506 — Marie Josèphe de Saxe, femme d'Auguste III, vue
jusqu'aux genoux (72).
Très-belle épreuve avant l'astérique au milieu du bas de la planche. Ces
deux portraits font pendant.

2507 — Eller (Joseph Théodore), premier docteur de l'Académie des sciences, d'après Ant. Pesne (73).
Très-belle épreuve.

2508 Grapendorf (Louise Albertine de Brandt, baronne de),
d'près N. Lesueur (74).
Très-belle épreuve.

2509 — Arnim (George Dietlof), ministre du roi de Prusse, d'après Ant. Pesne (75).
Superbe épreuve.

2510 — La Metterie (Julien Offroy de), savant (76).
Très-belle épreuve.

2511 — Woronzow (Michel de), chancelier de Russie, d'après L. Tocqué (77).
Très-belle épreuve.

2512 — Esterbasy (Nicolas), ambassadeur d'Autriche, d'après L. Tocqué (78).
Très-belle épreuve avant le burin gravé au bas de la droite de l'encadrement.

2513 — Élisabeth, impératrice de Russie, en pied et en costume impérial, d'après Tocqué (82).
Superbe épreuve.

2514 — Rasoumonssky (Cyrile, comte de), maréchal de l'empire de Russie, d'après Tocqué (83).
Très-belle épreuve.

2515 — Borck (Frédéric William), ministre du roi de Prusse, d'après Ant. Pesne (86).
Très-belle épreuve.

2516 — Latour (Maurice Quentin de), en buste, d'après lui-même (89).
Très-belle épreuve.

2517 — Katt (de), général--feld-maréchal et ministre d'État du roi de Prusse (91).
Superbe épreuve avant toutes lettres.

2518 — La Fiancée juive, d'après Rembrandt (128).
Superbe épreuve.

2519 — Le Père de la fiancée réglant sa dot, d'après Rembrandt (129).
Superbe épreuve.

2520 — Portrait de Schmidt dessinant (134).
Très-belle épreuve.

2521 — Le Prince de Gueldre menaçant son père, d'après Rembrand (137).
Très-belle épreuve.

2522 — M<sup>lle</sup> Clairon, actrice de la comédie française, d'après Cochin (140).
Très-belle épreuve.

2523 — Portrait de Schmidt dessinant, dit à l'araignée (141).
Superbe épreuve.

2524 — Portrait de M<sup>me</sup> Schmidt (142).
Superbe épreuve.

2525 — Portrait de la princesse d'Orange, d'après Rembrandt (147).
Superbe épreuve.

2526. — Le Docteur Mochien (149).
Très-belle épreuve avant la lettre. For rare.

2527 — Portrait de Rembrandt, jeune, d'après Rembrandt (150).
Très-belle épreuve.

2528 — Portrait de Rembrandt, âgé (151).
Superbe épreuve.

2529 — Le Prince Guillaume second d'Orange, à qui Cats explique un trait de l'histoire de ses ancêtres, d'après G. Flinck (152).
Superbe épreuve.

2530 — Portrait de la mère de Rembrandt, d'après ce peintre (153).
Superbe épreuve.

2531 — Loth et ses filles, d'après Rembrand (173).
Très-belle épreuve.

2532 — Les Deux fumeurs d'après A. Van Ostade.
Magnifique épreuve.

## SCHMUTZER

2533 — Kaunitz (Wenceslas Antoine, comte de), d'après
Tocqué.
Très-belle épreuve.

2534 — Saint Ambroise, archevêque de Milan, refusant
l'entrée de l'Eglise à l'empereur Théodose, d'après
Rubens.
Superbe épreuve avant toutes lettres et avant les armes.

## SCHONGAUER (Martin)

2535 — L'Ange de l'Annonciation (B. 1).
Très-belle épreuve.

2536 — La Vierge recevant l'Annonciation.
Superbe épreuve.

2537 — L'Annonciation (B. 3).
Très-belle épreuve.

2538 — La Nativité (B. 4).
Très-belle épreuve.

2539 — La Nativité (B. 5).
Très-belle épreuve.

2540 — L'Adoration des rois (B. 6).
Magnifique épreuve.

2541 — La Fuite en Égypte (B. 7).
Très-belle épreuve.

2542 — Le Baptême de Jésus-Christ (B. 8).
Très-belle épreuve.

2543 — Le Portement de croix (C. 21).
Superbe épreuve.

2544 — La Passion de Jésus-Christ. Suite de douze estampes
(B. 9. 20).
Très-belles épreuves. Rare à trouver complète.

2545 — Jésus-Christ à la croix (B. 22).
Superbe épreuve.

2546 — Jésus-Christ à la croix (B. 23).
Magnifique épreuve, avec une petite marge. Rare.

2547 — Jésus-Christ à la croix (B. 24).
Très-belle épreuve.

2548 — Jésus Christ à la croix C. B. 25).
Magnifique épreuve. Extrêmement rare à rencontrer de cette beauté.

2549 — La Vierge debout (B. 28).
Très-belle épreuve.

2550 — La Vierge assise sur un siége de gazon (B. 30).
Très-belle épreuve.

2551 — La Vierge assise dans une cour (B. 32).
Très-belle épreuve. Extrèmement rare.

2552 — La Mort de la Vierge (B. 33).
Belle épreuve.

2553 — Les-Douze Apôtres représentés debout ( B. 34-45 ).
Superbes épreuves. Suite très-rare à trouver complète.

2554 — Saint Antoine, le premier ermite (B. 46).
Superbe épreuve de la seconde copie gravée par Wicrix.

2555 — Saint Antoine tourmenté par les démons (B. 47).
Belle épreuve.

2556 — Saint Christophe (B. 48).
Superbe épreuve.

2557 — Saint Étienne (B. 49).
Très-belle épreuve.

2558 — Saint George (B. 51)
Très-belle épreuve. Très-rare.

2559 — Saint George (B. 52).
Très-belle épreuve. Rare.

2560 — Saint Jacques le majeur combattant les infidèles (B. 53).
Superbe épreuve.

2561 — Saint Jean Baptiste (B. 54).
Superbe épreuve.

2562 — Saint Jean l'évangéliste (B. 55).
Superbe épreuve.

2563 — Saint Laurent (B. 56).
Très-belle épreuve.

2564 — Saint Martin (B. 57).
Magnifique épreuve.

2565 — Saint Michel (B. 58).
Très-belle épreuve.

2566 — Saint Sébastien (B. 59).
Belle épreuve.

2567 — Un saint Évêque (B. 61).
Superbe épreuve. Fort rare.

2568 — Saint Agnès (B. 62).
Superbe épreuve.

2569 — Sainte Barbe (B. 63).
Superbe épreuve.

2570 — Le Sauveur (B. 68).
Superbe épreuve.

2571 — L'Homme de douleurs (B. 69).
Très-belle épreuve.

2572 — La Vierge sur un trône auprès de Dieu (B. 71).
Très-belle épreuve.

2573 — Dieu couronnant la sainte Vierge (B. 72).
Très-belle épreuve.

2574 — Les Symboles des quatre évangélistes, suite de
quatre estampes de forme ronde (B. 73-76).
Très-belles épreuves. Suite fort rare à rencontrer.

2575 — La Première des vierges sages (B. 77).
Très-belle épreuve.

2576 — La Troisième des vierges sages (B. 79).
Très-belle épreuve.

2577 — La Première des vierges folles (B. 82).
Superbe épreuve.

2578 — La Seconde des vierges folles (B. 83).
Superbe épreuve.

2579 — La Troisième des vierges folles (B. 84).
Superbe épreuve.

2580 — Le Départ pour le marché (B. 88).
Belle épreuve.

2581 — Deux Hommes marchant de compagnie (B. 90).
Très-belle épreuve.

2582 — Jeune Femme assise sur un siége de gazon (B. 97).
Superbe épreuve.

2583 — Jeune Femme soutenant de ses deux mains un écu
au butor (B. 98).
Superbe épreuve.

2584 — Jeune Femme debout ayant une rose dans la main
droite (B. 99).
Très-belle épreuve.

2585 — Écusson à l'Homme tenant deux écus accolés (B.
101).
Superbe épreuve.

2586 — Un Paysan assis, portant la main gauche sur un écu
parti, à deux demi-vols adossés.
Très-belle épreuve.

2587 — Un Sauvage tenant une massue (B. 103).
Superbe épreuve.

2588 — Un Sauvage tenant un bâton de la main droite, et
de l'autre un écu coupé à la tête de cerf (B. 104).
Très-belle épreuve.

2589 — Un Sauvage tenant deux écus accollés (B. 105).
Superbe épreuve.

2590 — La Crosse (B. 106).
Superbe épreuve.

2591 — L'Encensoir (B. 107).
Superbe épreuve.

✗ **2592** — Rinceau d'ornement (B. 112)..
Superbe épreuve; elle a une petite marge.

**2593** — Jésus-Christ au milieu de six anges (B. App. 6). Ce
morceau est donné à Gherardo de Florence par Passavent, tome V, page 56 (1).
Très-belle épreuve.

✗ **2594** — Trois Figures sur une même planche (B. App.
15).
Très-belle épreuve.

### SCHREGER

**2595** — Portrait de l'impératrice Catherine de Russie.
Superbe épreuve avant la lettre.

### SCHULTZ (D.)

+ **2596** — Combat d'oiseaux. Estampe gravée à l'eau-
forte.
Superbe épreuve.

### SCHUPPEN (Pierre van)

**2597** — Alexandre VII, souverain Pontif, d'après Mignard.
Très-belle épreuve.

**2598** — Basin (Claude), conseiller du Roi, d'après C. Lefe-
bure.
Très-belle épreuve.

**2599** — Bourlemont (Charles d'Anglure de), archevêque de
Toulouse, d'après Ferdinand.
Superbe épreuve.

**2600** — Épernon (Bernard de Foix de La Vallette, duc d'),
colonel général de France, d'après Mignard.
Très-belle épreuve.

**2601** — Le Tellier (Charles-Maurice), archevêque de Reims,
d'après Mignard.
Très-belle épreuve.

2602 — Louis XIV, roi de France, dans un médaillon entouré de trophées et soutenu par deux génies, d'après Mignard.

Superbe épreuve.

2603 — Louvois (François-Michel Le Tellier, marquis de), ministre d'État, d'après C. Lefébure.

Très-belle épreuve.

2604 — Mercier (Pierre), général de l'ordre de la Rédemption, d'après Fr. Lemaire.

Très-belle épreuve.

2605 — Maximilien Henri, archevêque de Cologne, prince électeur.

Superbe épreuve.

2606 — Vander Meulen (François), premier peintre du roi Louis XIV, d'après Largillière.

Superbe épreuve.

2607 — Rochechouart (Gui de Sève, de), évêque d'Arras, d'après Mignard.

Très-belle épreuve.

2608 — Simianes de Gordes (Louis-Marie), comte de Lyon, d'après C. Lefèvre.

Très-belle épreuve.

2609 — Veriusius (Joannes), docteur en théologie, d'après Loire.

Très-belle épreuve.

## SHERWIN (J.-K.)

2610 — La duchesse de Cumberland et Strathern, d'après R. Cosway, en pied.

Très-belle épreuve.

### SIEGEN DE SECHTEN (Louis)

INVENTEUR DE LA GRAVURE EN MANIÈRE NOIRE

2611 — Portrait de Guillaume, prince d'Orange, comte de
Nassau, époux de la fille de Charles Ier, d'après Hondthorst.

(De Laborde, histoire de la gravure en manière noire,
page 120).

Superbe épreuve d'un 1er état non décrit avant les noms des artistes. De
la plus grande rareté.

2612 — Portrait d'Augusta-Marie, fille de Charles Ier, d'après
Hondthorst.

Superbe épreuve d'un 1er état non décrit avant les noms des artistes.
Aussi rare que le précédent numéro dont il fait le pendant.

### SIMON (Pierre)

2613 — Guillaume Bailly, avocat, conseiller du roi.
Très-belle épreuve.

### SMITH (J.)

2614 — Les Amours des Dieux, d'après le Titien. Suite
de neuf estampes; plus un frontispice gravé par
Vertue.
Très-belles épreuves.

2615 — Charles Ier, roi d'Angleterre, d'après Van Dyck.
Très-belle épreuve.

2616 — Autre portrait de Charles Ier.
Très-belle épreuve.

### SOLIS (V.)

2617 — Dalila coupant les cheveux à Samson. David aper-
cevant Bethsabée au bain. Salomon adorant les idoles
(B. 11-13). 3 p.
Belles épreuves.

2618 — Les héroïnes les plus célèbres de l'histoire. Suite
de neuf estampes (B. 63, 71) ; il manque le n° 63.
Belles épreuves.

2619 — Les quatre Saisons (B. 128).
Très-belle épreuve.

2620 — Les Planètes. Suite de sept estampes (B. 156,162).
Belles épreuves.

2621 — Les Vertus représentées par des femmes debout (B. 198).
Belle épreuve.

2622 — Un Bain rempli d'hommes et de femmes. Estampe connue sous le nom de la *Société des Anabaptistes*, d'après H. Aldegraver (B. 265).
Très-belle épreuve.

2623. — Cartes à jouer. Suite de cinquante-deux estampes (B. 300, 351).
Très-belles épreuves. Suite extrêmement rare.

2624 — Portrait de Joachim Heller, 1549 (B. 431).
Très-belle épreuve.

2625 — Huit Bustes de jeunes femmes représentant les costumes de différents pays.
Inconnu à Bartsch (Passavent, 590).
Très-belle épreuve.

2627 — Gravure offrant une boucle d'orfèvrerie, sur la plaque du milieu se voit un amour portant des fruits et terminé en ornement, la droite du bas représente une femme nue et la gauche un faune. Non décrit.
Très-belle épreuve.

2628 — Martyre de saint Sébastien. Pièce non décrite.
Très-belle épreuve.

## SOLIS (Attribué à)

2629 — Les Planètes, représentées par sept divinités debout. Les quatre Saisons et les Éléments, représentés par des figures d'hommes et de femmes.
Très-belles épreuves.

### SOUTMAN (P.)

2630 — Vénus couchée, d'après le Titien....
Très-belle épreuve.

### VAN STAR (Thiéry)

2631 — Jésus-Christ appelant à lui saint Pierre et saint André, 1523 (B. 3).
Très-belle épreuve.

2632 — Saint Pierre marchant sur les eaux, 1525 (B. 4).

633 — Jésus-Christ tenté par le démon, 1525 (B. 5).
Très-belle épreuve; elle a une petite marge.

2634 — Jésus-Christ et la Samaritaine, 1523 (B. 6)...
Belle épreuve.

### STEINMULLER (Joseph)

2635 — La Vierge au milieu de deux saintes, d'après P. Pérugin.
Très-belle épreuve avant la lettre.

### STOCK (André)

2636 — L'Adoration des bergers, d'après Bloemaert.
Superbe épreuve.

### STOOP (Thierry)

2637 — Différents chevaux. Suite de douze estampes (B. 1 à 12).
Superbes épreuves avant les numéros et avec l'adresse de *Clément de Jonghe* sur le premier morceau.

2638 — Un homme, assis à terre et vu par le dos, il est entouré de quatre chiens de chasse (B. 12).
Magnifique épreuve d'eau-forte pure, avant les travaux sur le ciel. Extrêmement rare.

2639 — Panorama du théâtre de la guerre avec carte. Estampe inconnue à Bartsch (W. 29).
Très-belle épreuve; elle a de la marge. Extrêmement rare.

## STRANGE (Robert)

2640 — Abraham renvoyant Agar. Esther devant Assuérus. Deux estampes d'après le Guerchin faisant pendant.
Très-belles épreuves.

2641 — L'Enfant Jésus dormant, d'après Van Dyck.
Superbe épreuve avant toutes lettres.

2642 — L'Enfant Jésus tressant une couronne d'épines, d'après Murillo.
Superbe épreuve avant toutes lettres. Ces deux estampes ont toutes leurs marges et font pendant.

2643 — Saint Jérôme, d'après le Corrége.
Très-belle épreuve.

2644 — Sainte Agnès, d'après le Dominiquin.
Très-belle épreuve.

2645 — Sainte Cécile, d'après Raphaël.
Très-belle épreuve.

2646 — La Madelaine assise, d'après le Guide.
Superbe épreuve avant toutes lettres. Rare.

2647 — Sainte Madelaine arrachant des perles de ses cheveux, d'après Guido Reni.
Superbe épreuve avant toutes lettres. Elle a une grande marge.

2648 — L'Amour endormi, d'après Guido Reni.
Superbe épreuve avant toutes lettres. Très-rare.

2649 — Cléopâtre à mi-corps, d'après Guido Reni.
Superbe épreuve avant toutes lettres. Elle a une grande marge.

2650 — Imprimis venerare Deos, d'après B. Schidone.
Très-belle épreuve.

2651 — Charles Ier en manteau royal, d'après Van Dyck.
Très-belle épreuve; elle a toute sa marge.

2652 — Charles Ier en pied, près de son cheval que tient un écuyer, d'après Van Dyck.
Superbe épreuve avant toutes lettres. Extrêmement rare.

2653 — Henriette d'Angleterre, femme de Charles I<sup>er</sup>, et ses enfants, d'après Van Dyck.
Superbe épreuve avant toutes lettres.

2654 — Les enfants de Charles I<sup>er</sup>, d'après Van Dyck.
Très-belle épreuve; elle a de la marge.

### SUAVIUS (LAMBERT)

2655 — Portrait de Antoine Perrenot, chancelier de l'empereur Charles V, 1556. In-folio.
Très-belle épreuve.

### SUYDERHOEF (JONAS)

2656 — Johann Beenius, d'après Van Uliet (W. 10).
Superbe épreuve.

2657 — Jean de la Chambre, d'après F. Hals (18).
Superbe épreuve.

2658 — Ludwig de Dieu, d'après P. Dubordieu (22).
Très-belle épreuve du 1<sup>er</sup> état avec l'adresse de *Danheinningh*.

2659 — Renatus Descartes, d'après F. Hals (23).
Superbe épreuve du 1<sup>er</sup> état, avec l'adresse de *P. Goos*.

2660 — Adrian Heereboord, d'après Dubordieu (32).
Superbe épreuve.

2661 — Johann Hoornbeeck (40).
Superbe épreuve avec l'adresse de *P. Goos*.

2662 — Isabelle-Claire-Eugénie, infante d'Espagne, d'après Rubens (44).
Très-belle épreuve du 1<sup>er</sup> état, avant le numéro.

2663 — Maximilien, archiduc d'Autriche, d'après Rubens (54).
Très-belle épreuve du 1<sup>er</sup> état, avant le numéro.

2664 — David Nuyts (61).
Superbe épreuve.

2665 — Jacob de Reves, d'après F. Hals (71).
Très-belle épreuve.

2666 — Andreas Rivet, d'après Dubordieu (72).
Très-belle épreuve.

2667 — Johann (Schade), d'après Van Uliet (76).
Superbe épreuve.

2668 — Frédéric Spanheim, d'après Dubordieu (83).
Très-belle épreuve du 1er état, avec l'adresse de C. Danketnuingh.

2669 — Tegularius, d'après F. Hals (88).
Magnifique épreuve. Ce portrait est un des plus beaux de l'œuvre de J. Suyderhœf.

2670 — Wladislas VI, roi de Pologne, d'après P. Soutman (101).
Très-belle épreuve du 1er état, avant le numéro.

2671 — Les Bourgmestres d'Amsterdam, recevant un envoyé de Marie de Médicis, d'après T. Keyser (102).
Très-belle épreuve.

2672 — Les Plénipotentiaires de Muster, assemblés pour le traité de la paix, d'après G. Terburg (103).
Superbe épreuve.

2673 — La Chute des anges rebelles, d'après Rubens (104).
Très-belle épreuve du 1er état, avec l'adresse de Soutman qui a été remplacée par celle de F. de Witt.

### SWANEVELT (Herman van)

2674 — L'histoire d'Adonis. Suite de six paysages (B. 101; 106).
Très-belles épreuves du 1er état, avec l'adresse du Maître.

2675 — Balaam monté sur son ânesse (B. 111).
Très-belle épreuve avant le nom du maître et l'adresse de K. Audran, en haut de la droite de l'estampe.

2676 — L'Ange apparaissant à Agar. Pièce non décrite par Bartsch.
Très-belle épreuve.

### SWEERTS (Michel)

2677 — Portrait d'homme à mi-corps (B. 5).
Très-belle épreuve.

### THOMAS (Jean)
GRAVEUR EN MANIÈRE NOIRE

2678 — Portrait du Titien, d'après lui-même (Delaborde,
page 132).
Pièce remarquable et fort rare.

### THOURNEYFER (Jacque)

2679 — Neufville (Camille de), archevêque de Lyon, d'après
Mignard.
Très-belle épreuve.

### TITIEN VECELLIO

2680 — La sainte Vierge accompagnée de saints (B. 2).
Très-belle épreuve.

### TINTORET (Jacques Robusti, dit le)
B. T. XVI, page 104.

2681 — Portrait de Pascal Cicogna, doge de Venise (B. 1).
Très-belle épreuve de la plus grande rareté.

### TOSCHI (Paul)

2682 — Lo Spasimo di Sicilia, d'après Raphaël.
Superbe épreuve avant toutes lettres. Elle a toute sa marge.

2683 — La Madonna della Tenda, d'après Raphaël.
Très-belle épreuve avant la lettre ; le titre et les noms d'auteurs tracés.
Elle est en feuille.

### TREU (Martin de)

2684 — Villageois dansant (B. 17, 19). Seigneur dansant
(B. 28).

2685 — Sujet d'ornements en demi-cercle représentant au
milieu un écusson d'armes, et au bas deux satyres en-
tourés d'ornements; au milieu du bas le chiffre du
maître surmonté de la date de 1540. Inconnu à Bartsch
et à Passavent.

### UDEN (L. VAN)

**2686** — Quatre grands paysages, d'après Rubens (B. 56, 59).
Très-belles épreuves.

### ULFT (J. VAN DEN)

**2687** — Vue de la place et de l'hôtel de ville d'Amsterdam.
Très-belle épreuve. Très-rare.

### ULIET (JEAN VAN)

**2688** — Loth et ses filles, d'après Rembrandt (B. 1), Cl. 1.
Belle épreuve.

**2689** — Saint Jérôme en prière, d'après Rembrandt (B. 13), Cl. 13.
Superbe épreuve.

### VAILLANT (W.)
GRAVEUR EN MANIÈRE NOIRE

**2690** — Portrait d'homme vu à mi-corps, d'après Van Dyck.
Très-belle épreuve.

### VASI

**2691** — Vues intérieure et extérieure de l'église Saint-Pierre de Rome. Deux grandes planches.
Très-belles épreuves.

### VELDE (ADRIEN VAN)

**2692** — Le Berger et la Bergère avec leur troupeau (B. 17).
Très-belle épreuve du 1er état; à droite une place blanche où l'eau-forte n'a pas mordu. Sur papier à la folie. Très-rare.

### VELDE (JEAN VAN)

**2693** — Joannes Bogardus, pasteur ecclésiastique d'Harlem, d'après Franc Hals.
Superbe épreuve.

### VERMEULEN

**2694** — Nicolas Vander Borcht, en pied, d'après Van
Dyck.
Très-belle épreuve.

**2695** — Pierre-Vincent Bertin, d'après Largillière.
Très-belle épreuve.

**2696** — Pierre Mignard, peintre, d'après lui-même.
Superbe épreuve.

**2697** — Montmorency (François de), duc de Luxembourg,
d'après Rigaud.
Très-belle épreuve.

**2698** — Marie-Louise de Tassis, vue jusqu'aux genoux, d'a-
près Van Dyck.
Superbe épreuve.

### VERSCHURING (Henri)

**2699** — Les Voyageurs (B. 2).
Superbe épreuve. Extrêmement rare.

### VICO (Eneas)

**2700** — Vulcain et ses cyclopes forgeant des flèches pour les
Amours, d'après le Primatice (B. 31).
Très-belle épreuve.

**2701** — L'Académie de Baccio Bandinelli (B. 49).
Superbe épreuve du 1er état, avant l'inscription : *Enea erige Parme-
giano sculpsit*, et avec l'adresse de Petrus Paulus Palumbus qui a été remplacée par celle de Gaspar Alberti.
Bartsch indique cet état comme extrêmement rare.

**2702** — Buste de Jean de Médicis dans un ovale (B. 254).
Très-belle épreuve.

**2703** — Portrait de l'empereur Charles Quint, dans un
ovale placé au milieu de figures allégoriques (B. 255).
Très-belle épreuve.

## VISSCHER (Corneille)

2704 — Le Départ d'Abraham, d'après le Bassan.(Smith 1).
Très-belle épreuve.

2705 — Arrivée d'Abraham à Sichem, d'après le Bassan
(2).
Très-belle épreuve.
Ces deux morceaux font pendant.

2706 — La Mise au Tombeau, d'après le Tintoret (8).
Superbe épreuve du 2° état, avant l'adresse de Nicolas Visscher. Très-rare.

2707 — L'Ascension du Christ, d'après Paul Véronèse (9).
Très-belle épreuve du 1er état, avant les noms des artistes.

2708 — Les quatre Évangélistes. Suite de quatre estampes
(10, 13).
Très-belles épreuves avec l'adresse du graveur.

2709 — Achille à la cour de Lycomèdes, d'après Rubens
(37).
Très-belle épreuve.

2710 — Énée portant son père, d'après B. Breenberg. Petite pièce (38).
Très-belle épreuve. Fort rare.

2711 — Charles-Gustave, roi de Suède, et la Reine, dans
leur appartement nuptial (40).
Superbe épreuve.

2712 — Couronnement de la reine de Suède (41).
Superbe épreuve du 2° état, avant que le mot Itemq ait été ajouté,
avant le mot nata et le mot dux après, et avant que le mot Cliviæ été
corrigé en Cloviæ. Très-rare.

2713 — La Fricasseuse ou Faiseuse de beignets (42).
Très-belle épreuve avant l'adresse de Clément de Jonghe.

2714 — Le Vendeur de mort aux rats (43).
Très-belle épreuve.

2715 — La Bohémienne (44). Très-belle ép. avec l'adresse
de *Clément de Jonghe.*
Superbe épreuve.

2716 — Les Enfants à la Souricière (45).
Très-belle épreuve avant le nom de C. Visscher. Rare.

2717 — Le Grand Chat accroupi (46).
Très-belle épreuve.

2718 — Le Petit Chat dormant.
Très-belle épreuve d'une pièce de la plus grande rareté.

2719 — Buste de Femme, d'après le Parmesan (51).
Très-belle épreuve du 1er état, avant le nom de l'auteur.

2720 — La même estampe.
Belle épreuve avec le nom de l'auteur, mais avant l'adresse de G. Valk.

2721 — L'Antiquaire, d'après le Corrége (52).
Superbe épreuve du 1er état, avant les inscriptions.

2722 — Homme buvant de l'eau, d'après Berghem (63).
Très-belle épreuve du 1er état.

2723 — Le Concert, d'après A. Brouwer (64).
Très-belle épreuve.

2724 — Le Chirurgien, d'après A. Brouwer (66).
Très-belle épreuve avant l'adresse de Clément de Jonghe.

2725 — Le Convoi attaqué, d'après P. de Laer (67).
Superbe épreuve du 1er état, avant toutes lettres.

2726 — Le Coche volé, d'après P. de Laer (68).
Superbe épreuve du 1er état, avant toutes lettres.

2727 — Le Four, d'après P. de Laer (69).
Superbe épreuve du 1er état, avant toutes lettres.

2728 — Le Matin, d'après P. de Laer (72).
Très-belle épreuve.

2729 — Les Joueurs, d'après P. de Laer (74).
Très-belle épreuve.

2730 — Les Chevaux à l'écurie, d'après P. de Laer (76).
Très-belle épreuve du 2e état, avant l'adresse de F. de Widt.

2731 — Le Maréchal-Ferrant, d'après P. de Laer (77).
Très-belle épreuve du 1er état avant le numéro à la droite du bas.

2732 — Homme et Femme assis à terre (78).
Très-belle épreuve d'une pièce rare.

2733 — Les Patineurs, d'après Ostade (79).
Très-belle épreuve avant la lettre.

2734 — Les Musiciens ambulants, d'après Ostade (80).
Magnifique épreuve avant l'adresse de *Clément de Jonghe*.

2735 — Tabagie de deux hommes et d'une femme, d'après Ostade (81).
Très-belle épreuve du 1er état, avec l'adresse de *Clément de Jonghe*.

2736 — Cornelius Visscher (84).
Très-belle épreuve.

2737 — Portrait du pape Alexandre VII (86).
Superbe épreuve du 1er état avant le petit bouquet d'arbres sur le mur à un demi pouce au-dessus de l'épaule droite du personnage, avant beaucoup de travaux, notamment avant des contretailles perpendiculaires sur le fond, avec l'espace blanc au-dessus de la narine du nez, et encore avant des contretailles sur le vêtement au-dessous du col.
Cet état est peut-être antérieur à celui indiqué par M. Smith, comme unique et appartenant au British-Museum.

2738 — Le même portrait.
Epreuve avant l'adresse de Clément de Jonghe.

2739 — Le même portrait.
Très-belle épreuve avec l'adresse de Clément de Jonghe substituée à celle de C. Visscher.

2740 — John Boelensz (87).
Très-belle épreuve.

2741 — Booys (H. du), d'après Van Dyck (88).
Très-belle épreuve.

2742 — Gellius Bouma, ministre de l'Évangile à Zupten (89).
Très-belle épreuve du 2e état, avant l'année 1656.

2743 — Lieven Van Coppenol (93).
Très-belle épreuve du 2e état, avant la lettre.

2744 — Gassendi (95).
Très-belle épreuve. Rare.

2745 — Le portrait de Constantine Huyghens (96).
Très-belle épreuve.

**2746** — Portrait de Robert Junius (99).
Superbe épreuve du 1ᵉʳ état avec la lettre, avant la date 1654 après le nom du graveur, et avec le nom Amstelodamo, qui a été écrit dans l'état suivant Amstelodami.

**2747** — Portrait du même personnage (100).
Très-belle épreuve avec l'adresse de *P. Goos*, qui a été remplacée dans l'état suivant par celle de *H. Focken*.

**2748** — Jean Merius, pasteur de Spanbroeck (103).
Très-belle épreuve.

**2749** — Adrian Motmans (104).
Très-belle épreuve.

**2750** — Portrait de Jean de Paep, avec la vue de la Bourse d'Amsterdam (111).
Très-belle épreuve. Rare.

**2751** — Portrait du même personnage (112).
Superbe épreuve du 1ᵉʳ état, avant toutes lettres.

**2752** — Le même portrait.
Très-belle épreuve.

**2753** — Philippe Rovenius, vicaire apostolique (114).
Superbe épreuve.

**2754** — William de Ryck, célèbre occuliste d'Amsterdam (115).
Superbe épreuve du 2ᵉ état.

**2755** — Peter Scriverius (116).
Très-belle épreuve.

**2756** — Sievri (Helena Leonora de) (117).
Très-belle épreuve.

**2757** — Vondel (120).
Très-belle épreuve avant l'adresse de *J. Danckers*.

**2758** — Joannes Wachtelaer (124).
Belle épreuve.

**2759** — Jacob Westerbaen (125).
Très-belle épreuve avant l'adresse de Coehoorn.

2760 — Portrait de Vieille que l'on dit être la mère de C. Visscher (129).

Très-belle épreuve.

2761 — Autre portrait de Vieille, décrit dans le Catalogue Basan, sous le n° 27.

Très-belle épreuve, avant toutes lettres. Rare.

2762 — Franciscus Valdesius, Magdalena Hoonsia, Janus Dousa, Ludovicus Boisotus (130, 133). Suite de quatre portraits.

Superbes épreuves.

2763 — La Vierge et l'enfant Jésus, d'après le Titien.

Superbe épreuve du 1er état, avant la lettre.

### VISSCHER (Jean-Nicolas)

2764 — La Vie de l'enfant prodigue. Suite de quatre estampes en largeur, d'après Wickenbooms.

Superbes épreuves. Rare.

### VISSCHER (Jean)

2765 — Hulst (Abraham Vander), vice-amiral de Hollande.

Très-belle épreuve.

2766 — Portrait d'un Nègre, d'après C. Visscher.

Belle épreuve.

2767 — Le Bal dans la grange, d'après N. Berghem.

Très-belle épreuve.

### VISSCHER (Lambert)

2768 — Jean de Witt, grand pensionnaire de Hollande.

Très-belle épreuve du 1er état; le personnage est représenté seul dans la salle des États de Hollande; aux épreuves postérieures la vue des états de Hollande, qui se voit dans le fond, a été substitué le portrait de son frère.

2769 — Nicolas Tulpius.

Très-belle épreuve.

### VLIEGER (Simon de)

2770 — Le Ruisseau (B. 1).
Très-belle épreuve. Rare.

2771 — La Forêt claire (B. 3).
Très-belle épreuve.

2772 — La Langue de terre (B. 4).
Très-belle épreuve.

2773 — Le Transport du blé (B. 5).
Très-belle épreuve.

2774 — Le Bois près du canal (B. 6).
Très-belle épreuve.

2775 — La Montagne verte (B. 7).
Très-belle épreuve.

### VYL (J. den)

2776 — Le Taureau (B. 2).
Très-belle épreuve. Très-rare.

### VOET (Alexandre)

2777 — La Folie tenant un chat, d'après J. Jordaens.
Superbe épreuve de 1er état, avant l'adresse de *Gaspar de Hollander*.

2778 — Le Portement de croix, d'après Van Hoeck.
Très-belle épreuve.

### VOLPATO (Jean)

2779 — La Mise au tombeau, d'après Raphaël.
Très-belle épreuve avant la lettre.

### VOLPATO (Giovanni) et MORGHEN (Raphael)

2780 — Les Stances peintes par Raphaël dans les deuxième,
troisième et quatrième chambres de la Signature au
Vatican. Suite de huit estampes.
Superbes épreuves avant toutes lettres. Elles sont à grandes marges
Très-rare de cette condition.

## VOSTERMAN (Lucas)

**2781** — Le Christ mort sur les genoux de la Vierge, d'après Van Dyck.
Magnifique épreuve avant la troisième ligne : *Per illustri apud Domino D. Georgio Gagi*, qui se trouve au-dessous des six vers. Très-rare.

**2781** *bis* — La Mise au tombeau, d'après Raphaël.
Superbe épreuve.

**2782** — Saint Georges combattant le dragon , d'après Raphael.
Très-belle épreuve.

**2783** — La même estampe.
Superbe contre-épreuve.

**2784** — La Querelle des paysans. Pièce connue sous le nom du *Coup de fléau*, d'après P. Breughel.
Superbe épreuve.

**2785** — Charles de Bourbon, connétable de France, d'après le Titien.
Très-belle épreuve.

**2786** — Portrait de Jérôme de Bran, d'après J. Livens.
Superbe épreuve du 1er état, avec l'inscription en lettres italiques.

**2787** — Le même portrait.
Belle épreuve, avec l'inscription changée et avec le nom de Livens effacé.

**2788** — Nicolas Lanier, maître de chapelle du roi Charles Ier, d'après J. Livens.
Très-belle épreuve.

**2789** — L'empereur Léopold à genoux aux pieds de la Vierge et de l'enfant Jésus, d'après J. Vanden Hoecke.
Très-belle épreuve.

**2790** — Charles Ier, roi d'Angleterre.
Très-belle épreuve.

**2791** — Charles de Longueval, comte de Buquoy, dans un médaillon entouré de figures allégoriques, d'après Rubens.
Superbe épreuve.

2792 — Nicolas Rockhox, assis, d'après Van Dyck.
Superbe épreuve avant la lettre, dans la marge et sur le buste à gauche, avant les médaillons et avant plusieurs travaux. Extrêmement rare.

2793 — Le même portrait.
Très-belle épreuve avec la lettre.

## WARD (W.)

2794 — Daniel dans la fosse aux lions, d'après Rubens.
Très-belle épreuve.

## WILLE (Jean-Georges)

2795 — Mort de Cléopâtre, d'après G. Netscher (Le Blanc 5).
Très-belle épreuve.

2796 — Les Musiciens ambulants, d'après Dietricy (52).
Très-belle épreuve.

2797 — Les Offres réciproques, d'après Dietricy (53).
Très-belle épreuve.

2798 — L'Instruction paternelle, d'après G. Terburg. Estampe connue sous le nom de la *Robe de satin* (54).
Superbe épreuve avant toutes lettres; seulement les armes.

2799 — La même estampe.
Très-belle épreuve avec la lettre. Elle a une grande marge.

2800 — Le Concert de famille, d'après G. Schalken (54).
Superbe épreuve avant toutes lettres; seulement les armes. Elle a une belle marge.

2801 — La Tante de Gérard Dow, d'après G. Dow (60).
Très-belle épreuve avant la lettre.

2802 — La Ménagère hollandaise, d'après G. Dow (63).
Très-belle épreuve.

2803 — La Tricoteuse hollandaise, d'après Mieris (64).
Très-belle épreuve.

2804 — L'Observateur distrait, d'après Mieris (65).
Très-belle épreuve.

2805 — Le petit Physicien, d'après Netscher (66).
Très-belle épreuve.

2806 — Louis XV, à cheval, d'après Parrocel (104).
Très-belle épreuve.

2807 — Tencin (Pierre de) cardinal-archevêque de Lyon,
d'après Parrocel (109).
Très-belle épreuve.

2808 — Singlin (Antoine de), supérieur de la Maison de
Port-Royal des champs, d'après Ph. de Champaigne
(113 bis).
Superbe épreuve avant la lettre.

2809 — Philippe de la Mothe Houdancourd, maréchal de
France (117). Portrait de forme ovale.
Très-belle épreuve. Rare.

2810 — Charles-Louis-Auguste Fouquet de Belle-Isle, maréchal de France, d'après Rigaud (120).
Très-belle épreuve.

2811 — Poisson (Abel-François), marquis de Marigny, d'a-
près Tocqué (125).
Très-belle épreuve.

2812 — Boullogne (Jean de), contrôleur général des finances,
d'après Rigaud (126).
Très-belle épreuve.

2813 — Berrier (Nicolas René), lieutenant de police, d'après
J. de Leyen (127).
Très-belle épreuve.

2814 — Liébaux, géographe du roi, d'après Jean Chevalier
(131).
Très-belle épreuve du 1er état, avant la lettre. Rare.

2815 — Charles, prince de Galles, d'après Tocqué (148).
Très-belle épreuve.

2816 — Frédéric II, roi de Prusse, d'après Ant. Pesne (151).
Très-belle épreuve.

2817 — Colonna (Prosper de Sciarra), cardinal, d'après
Battoni (158).
Très-belle épreuve du 2e état.

2818 — Henri Benoist, évêque de Bâle (L. 260).
Superbe épreuve d'un portrait très-rare.

2819 — Cort. Siversen Adelen, grand amiral de Danemarck
  (162).
Très-belle épreuve.

2819 bis — Berregard (F.), gentilhomme danois , d'après
  Tocqué (164).
Superbe épreuve du 1er état, avant les accessoires et l'année 1745.
Les noms des artistes sont gravés à la pointe. Très-rare en cet état.

## WOOLLETT (WILLIAM)

2820 — Didon et Enée, d'après Jones et Mortimer.
Superbe épreuve avant la lettre; les armes, le titre et les noms d'auteurs tracés

2821 — Cicéron à sa maison de campagne, d'après Wilson.
Très-belle épreuve avant la lettre ; les armes, les titres et les noms d'auteurs tracés.

2822 — La Pêche, d'après Wright.
Belle épreuve avant la lettre; elle est sans marge.

2823 — Paysage, sur la gauche une danse champêtre, d'après Jones.
Très-belle épreuve avant la lettre.

2824 — Le Temple d'Apollon, d'après Claude Lorrain.
Superbe épreuve avant la lettre.

2825 — Portrait de Rubens, d'après Van Dyck.
Superbe épreuve avant la lettre. Rare.

## WOUVERMANS (PHILIPPE)

2826 — Le Cheval.
Seule eau-forte du maître, de la plus haute rareté.

## WYNGAERDE

2827 — Saint Bonaventure recevant la communion de la
  main d'un ange, d'après Van Dyck.
Très-belle épreuve.

## WYCK (Thomas)

**2828** — Le Coffre ouvert. Pièce inconnue à Bartsch (W. 25).
Superbe épreuve du 1er état, avant divers travaux et avant l'adresse de Matham.

## ZAAL (J.)

**2829** — Une Meute de chiens poursuivant un sanglier, d'après Snyders.
Très-belle épreuve.

## ZAGEL (Martin)

**2830** — Salomon adorant les idoles (B. 1).
Très-belle épreuve.

**2831** — La Vierge (B. 2).
Très-belle épreuve.

**2832** — Le Martyre de saint Sébastien (B. 4).
Très-belle épreuve.

**2833** — Saint Christophe (B. 7).
Très-belle épreuve.

**2834** — La Décollation de sainte Catherine (B. 8).
Très-belle épreuve.

**2835** — Sainte Ursule (B. 101).
Très-belle épreuve.

**2836** — Sainte Catherine (B. 11).
Superbe épreuve.

**2837** — Le grand Bal (B. 13).
Superbe épreuve.

**2838** — Le grand Tournoi (B. 14).
Très-belle épreuve.

**3839** — L'Embrassement (B. 15).
Superbe épreuve.

**2840** — Les Deux amants (B. 16).
Très-belle épreuve.

**2841** — La Pensée de la mort (B. 17).
Très-belle épreuve.

2842 — Le Mari subjugué par sa femme (B. 18).
Très-belle épreuve.

2843 — Le Cavalier avec la dame en croupe ( B. 19).
Très-belle épreuve.

2844 — Les Soldats (B. 20).
Très-belle épreuve.

2845 — Lueur et obscurité (B. 21).
Très-belle épreuve.

### ZEEMAN (REINIER)

2846 — Marine (B. 1).
Très-belle épreuve.

2847 — L'Emeute des matelots (B. 2).
Superbe épreuve. Extrêmement rare.

2848 — Marine; elle fait partie de la suite. Nos 99 à 106.
Première et très-belle épreuve.

### ZOAN (ANDREA)

2849 — La Danse de quatre femmes, d'après André Montegna (B. 18).
Très-belle épreuve.

### ZWOTT (dit LE MAÎTRE A LA NAVETTE)

2850 — Jésus-Christ en croix (B. 6).
Très-belle épreuve.

2851 — Combat de deux hommes nus avec un Centaure.
Estampe non décrite par Bartsch (Pass. app. 77).
Superbe épreuve de la plus haute rareté.

Renou et Maulde, imprimeurs de la Compagnie des Commissaires-Priseurs, rue de Rivoli, 144.   447